伊丹敬之
Hiroyuki Itami

ビジネス現場で役立つ

経済を見る眼

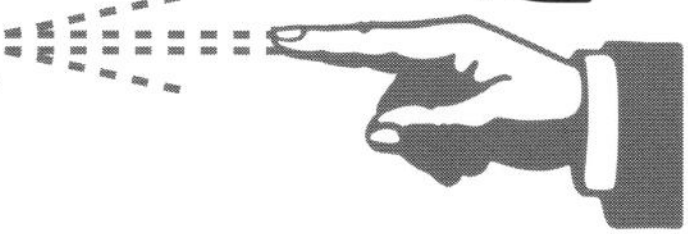

東洋経済新報社

はじめに

この本は、会社で働く人々のために「経済を見る眼」を解説する本である。

なぜ景気は変動するのか、なぜ株価や為替は毎日めまぐるしく変わるのか、自分の会社が属する産業の将来はどうなるのか、なぜ経済格差は生まれるのか、なぜ株式市場では投機が多いのか、なぜバブルが日米で性懲りもなく繰り返されるのか、などなど身近な経済現象を理解したい人、考えたい人のために、どんな視点から現実を眺め、どのように論理を組み立てたらいいか、その原点を解説する本である。

この本は、しかし、経済学の理論を解説する本ではない。ミクロ経済学の教科書、マクロ経済学の教科書、そうした多くの本に書いてある理論そのもののくわしい解説は意図していない。そうした理論を考える前に、経済現象をどのような視点で考えるのが適切か、その「経済を見る眼」についての本である。

私が今教えている専門職大学院で、社会人学生たちに「経済学のイメージ」を聞いたところ、多くの学生の答えが「数学や数式で理論を説明する学問」だったことに驚いたことがある。経済学のイメージはいつの間にかそうなってしまっていたのである。

しかしこの本では、難しい数式は一切出てこない。そうした数学や数式を使った理論での説明に入る前の、「経済を見る眼」を考えたい。そしてその眼には、人間の営みとしての経済現象を見る、人間臭い面がきちんとあってほしい。

たとえば、投機は人間の欲がもたらす現象であり、経済的格差は人間の努力がもたらすものでもあり、しかし個人にはどうしようもない社会的な構造がもたらすものでもある。経済成長への心理的エネルギーは、成長そのものの推移でじつは人間の心理が浮き沈みし、それに応じて変わってくる。そんな人間臭い「経済を見る眼」をもつようにすると、数式を使える経済の分野（これはじつは経済の中でも案外、限定的である）よりもさらに広く、人間社会の経済現象一般を考えるための思考の枠組みをもてるようになるだろう。

私のメインの研究分野は、経営学あるいは企業についての研究である。東洋経済新報社から『経営を見る眼』という本も出している。そんな人間が「経済を見る眼」についての本を書くことを、不思議に思う読者もいるかもしれない。しかし、経営の営みは一種の経済現象であるし、企業の活動はまちがいなくマクロ経済や産業経済の中の経済活動である。私は、マクロ経済や産業について、市場経済のあり方について、為替や資本市場の動向が企業に与える影響について、考えざるを得ない研究生活を四〇年以上にわたって続けてきた。その間、市場メカニズムについて、企業システムについて、産業について、為替について、さまざまなことを書いてきた。

この本は、私のそうした蓄積を活かし、かつきわめて人間臭い学問である経営学をやってきた私の個性を活かして、人間臭い「経済を見る眼」についての入門書を書こうとしたものである。

この本が世に出るのは二〇一七年新春だが、書き始めたのは一六年五月だった。それからたった半年、その短い間に経済問題と社会問題の接点と亀裂の深刻さを感じさせる世界的な大事件が二つも起きた。一つは六月二三日のイギリス国民投票での、EU離脱。もう一つは一一月八日のアメリカ大統領選挙での、トランプ氏の勝利。いずれも、国内の経済的格差の拡大に不満をもつ恵まれない大衆が、安楽椅子の知識層が信じる政策に反乱を起こした、とも言うべき側面を強くもっている。

そして、経済的利害を一見無視したような、感情の論理で現実が動いているように見える深刻な事例である。しかしそれは、経済の論理を無視して国民感情が政治を動かしたというより、経済そのものが感情の論理で動く部分がかなりあることをわれわれに教えている、と考えるべきだろう。

イギリスやアメリカの例ばかりでなく、日本でも感情の論理が経済を動かす論理になっていると思える。たとえば、この二〇年間、日本経済の成長はきわめて低い水準であるが、それはバブル崩壊後の心理的エネルギーの冷え込みが一つの原因となって起きた現象でもある。さらに、低い成長が心理的エネルギーの低迷をもたらし、それが次の低い成長へとつながる、という悪循環が起きていると思われる。

私は、この本の「第5部　経済を見る眼を養う」の最初の章「人間を見つめ、歴史の流れを考える」で、「カネ、情報、感情の三つの論理で考える」という節を設けた。そこで、経済を見る眼を養うためにはカネの論理・情報の論理・感情の論理、その三つの論理をともに大切なものとして経済現象を見ることが重要だ、と書いている。もちろん、経済はカネの世界の話が中心になる。それに異論はないが、しかし感情の論理（不合理な感情ではない）が経済を動かす原点の一つであることを忘れてはならないことを強調した。

感情の論理は、経済の基礎構造の論理として、経済の動きにさまざまな影響を与える。将来への不安感が人々の消費を小さくする、というのはそのいい例である。そうした感情の論理をきちんと理解する理論の枠組みをわれわれはまだもっていないのだが、だからといってそれを無視していいとは言えない。そんな感情の論理をあえて強調するのが、この本の人間臭い「経済を見る眼」の、一つの例である。

その点では、ユニークというか、個性のある本ではある。その個性が多くの人に受け入れられることを著者としては期待したいが、この本を読む際にはまず「第5部　経済を見る眼を養う」から読むといいかもしれない。第5部は、人間の営みとしての経済現象を見る、というこの本の特色が一番色濃く出ているし、経済学の理論など知らなくてもかなり読めるように書いてある。

その後、「第1部　素朴な疑問」「第2部　マクロ経済を考える」「第3部　市場メカニズムを考える」「第4部　日本の産業を考える」と今度は目次の順序にそって読み、最後に第5部をまた読むと、最初とは違った読み方ができるかもしれない。

『経済を見る眼』というタイトルの本を書きませんか、という私も当初はびっくりしたお誘いをくださったのは、東洋経済新報社の黒坂浩一さんである。『経営を見る眼』という本を出しているので、それとのペアという発想でもあったのだろう。では、どんな本を私が書けば会社で働く人たちに意味があるのか。それを知るために東京理科大学大学院イノベーション研究科の社会人学生の方々に集まってもらって、彼らが経済について持っている素朴な疑問を聞くことから、本づくりの作業が始まった。彼らの協力には心から感謝している。

彼らの素朴な疑問のいくつかを実際に第1部で取り上げているが、それ以外にも彼らは面白い疑問をたくさん出してくれた。それらの疑問に答えようと、私の頭の中でさまざまな小人が動き出した。こういう経済現象に直面した現場の人は、どう行動するのか。その小人たちの動きを彼らの疑問がさまざまに想像させてくれたのである。現実の世界では、そうした小人の動きが集まって、経済現象は動いていく。その動きを論理的にかつなるべく体系的に解説しようとして、この本の各章ができた、と言ってもいい。既存の経済理論の解説を主目的として私は各章を書いたのではない。だから読者も、各章で取り上げられている経済現象をわが身に置き換えて、自分の頭の中で小人を動かしながら、つまり現場を想像しながら、解説されている論理を追って欲しい。

そうした現場感のある、そして人間の営みとして経済を見ようとする本を私は書こうとしたのだが、それが果たして成功しているかどうか。多くの読者が読んでみてよかったと思ってくださされば、黒坂さんの意外なお誘いも報われたことになるわけで、ぜひそれを祈りたい。そしてその前に私としては、黒坂さんの勇気あるお誘い、そして適切なアドバイスと迅速な編集作業に、心から感謝したい。

二〇一六年一二月

伊丹　敬之

目次◎経済を見る眼

2 第2部 マクロ経済を考える 65

第4部　日本の産業を考える　207

5

第5部 経済を見る眼を養う 283

第1部

素朴な疑問

第1章

毎日同じように働いているのに、なぜ景気は変動してしまうのか

一生懸命やっていても、なぜ不景気になるのか

「素朴な疑問」と題するこの第1部では、会社で働いている人が経済に関して素朴に感じる疑問のいくつかに対して、私なりのわかりやすい答えを提示しよう。この本全体で伝えたいメッセージの導入として、なるほどこんな風に考えればいいのかという感触を読者にもってもらうための、「経済を見る眼」へのご招待である。

この第1部で取り上げる四つの素朴な疑問はいずれも東京理科大学大学院イノベーション研究科（技術経営専攻）の社会人学生たちが出してくれた疑問で、彼らは私にとって読者代表であ

る。この本の第2部以降で、「マクロ経済を考える」「市場メカニズムを考える」「日本の産業を考える」「経済を見る眼を養う」という四つの部に分けて「経済を見る眼」を解説するが、この第1部では以下の四つの部それぞれに対応する四つの素朴な疑問を取り上げよう。

まず第一に、いかにも経済らしい、マクロ経済の問題を最初に考えてみる。この分野ではなんといっても、経済全体の景気という問題が多くの人の関心をよぶトピックだろう。その景気について、社会人学生の一人である中小企業の社長さんが、こう私に問うた。

「毎日、同じような活動、仕事をしているのに何で景気が好景気、不景気って変わるのか。だれが、そんな悪さをしちゃっているんだろう。基本的には一生懸命、働けば景気はよくなるんじゃないかなと思っているんですよね。毎日、同じように働いて、何で世界に振り回されているんだろうっていうのが、ちょっと疑問です」

この稿を書いているのは二〇一六年五月上旬だが、新聞やネット上でも世界に振り回される日本経済の姿が報道されている。たとえば、「景気停滞感鮮明、円高・株安で」と題してネット配信された記事が、主要企業へのアンケート結果をこう書いている。

「毎日新聞は一日、主要企業一二一社を対象にした景気アンケートをまとめた。景気の現状について、七〇％(八五社)の企業が「踊り場にある」と回答。「緩やかに後退している」という回答も一〇％(一二社)に上り、いずれも今年一月にまとめた前回のアンケートより増加した。中国の景気減速や、年初からの円高・株安の進行などで、停滞感が強まっていることが鮮明になった」(二〇一六年五月一日、毎日新聞配信)

しかし、踊り場、あるいは緩やかに後退、という感覚を、アンケートに答えた人たちはどんな現象をもとに感じているのだろうか。

おそらくそれは、世の中全体の「需要の伸びのよし悪し」であろう。自社のみならず、国全体の需要、つまり会社からすれば売り上げの伸びが鈍化していると思うのが「後退」、停滞する方向へと変わりつつあるのが「踊り場」であろう。

つまり、好景気あるいは不景気というのは、国全体の需要の伸びがいいか悪いかについての言葉なのである。国全体の需要とは、一つの国の経済に関連したさまざまな人々や企業、政府などが出す需要全体の合計である。その合計は、国内の消費者が出す消費、国内の企業が行なう民間投資、政府が行なう公共投資、あるいは国外の人たちが日本製品を買ってくれる需要に向けての輸出、などから構成されている。そのどの部分が減っても伸び悩んでも、不景気になる。反対に、どこかの部分で需要が大きく伸びれば、需要減の分野があっても全体としては好景気にもなり得る。

このように、多くの人が感じる景気感はおもに需要の伸びに関係する感覚なのだが、一方で、中小企業の社長が考えている「一生懸命働く」とは、「いい製品の供給を増やす」「コストダウンをする」といったような、供給側の努力のことを意味するのだろう。だが、そうした努力をしても、需要が増えてくれなければ、企業としての売上や利益にはつながらない。それでは、企業としても働く人々としても、生活は楽にならない。

つまり、懸命に供給側で努力しても、需要の方が世界中のさまざまな出来事に振り回されて変動するから、好景気・不景気という波が生まれる。たとえば、日本の中小企業が懸命に努力しても、中国での需要が減れば、日本からの輸出が減って、そのあおりで国内の景気の悪化要因になるのである。

しかも、輸出の減速が原因で景気が悪化すると多くの人が思えば、その人たちが個人消費を差し控えるかもしれない。企業は投資を削減するかもしれない。そうなれば、さらに国全体の需要は減る。一部の需要の減少や伸び悩みが連鎖反応のような波及効果をもたらして、波のようなうねりが出てしまうこともしばしばである。

原油安でなぜ景気が悪くなるのか

中国経済の減速が起きることが原因で、中国への日本からの輸出が減るだろうから日本の景気に影響がある、というのはわかりやすい。円高になっても、日本からの輸出製品のドル建ての価格が高くなってしまうから、海外市場での価格面の不利を日本企業が被ることになり、ここでも日本からの輸出に悪影響が出て、景気の悪化要因になるのはわかる。

しかし、原油価格が二〇一四年半ばの一バーレル当たり一〇〇ドルの高値から大きく下げて、二〇一五年後半には三〇ドルを切るような水準にまで下がったときに、「日本の景気がこれで悪くなる」という新聞記事が出たときには簡単には納得しがたかった人が多かったようだ。

なぜなら、日本が輸入に頼っている原油価格が下がれば、日本のエネルギーコストが下がることになり、企業の費用は安くて済むようになる。また、ガソリン価格も下がって運輸業にも観光旅行にもプラスの要因が大きいのではないか。さらには、原油輸入支出が減るから日本の貿易収支の大幅赤字が改善して、その点からも日本経済にはプラスなのではないか。

こうした指摘はそれなりにもっともだし、実際にそうしたプラス効果があるだろう。しかし、世界の経済はさまざまにつながっている。原油価格の大幅下落でマイナスの影響を受ける国や人々が世界の中にはいることに思いを馳せると、案外日本の景気にもマイナス効果が出てくることが理解できる。

たとえば、石油や天然ガスなどのエネルギー資源を輸出することによって大きな収入を得ている新興国の経済が、その国としては需要減に見舞われることになる。その国の輸出金額が減るからである。ロシアや中東諸国はまさにこうした打撃を被った。その結果、新興国での消費や投資に悪影響が生まれる。

そこから多様な影響が日本にも及ぶことになる。たとえば、そうした新興国で事業活動を行なっている日本企業、あるいはそこへ輸出している日本企業の業績にマイナスの影響が出るだろう。さらには、新興国の景気悪化が、これらの国々の信用不安につながって、国際金融市場で混乱が起きる可能性がある。その混乱が日本に波及して、日本の景気のマイナス要因になる。

あるいは、原油価格が高いときには採算がとれていた海底油田採掘やシェールオイルの開発の採算が悪化する。そうすると、そうした開発活動が低迷することになる。そこから影響を受ける日本企業が出てくることもある。開発のための設備に関する機械や素材を供給している日本企業があるからである。わかりやすい例は、掘削のための鋼鉄パイプやパイプライン用鋼管などを供給している日本の鉄鋼メーカーである。

さらに言えば、原油価格の下落とともに、資源関連企業の株価が全世界的に下落する傾向が生まれる。それが世界的な株安の原因にもなれば、株安という現象を通して日本の景気の悪化要因になる。

多様な影響経路がある

株式市場全体の傾向としての株安が、日本の景気を押し下げる要因になる理由は、多分に心理的なものも含んでいる。株を持っている人たちは、その株の時価が高ければ自分の財産が多いと計算できるし、株安になれば財産額が減る。その「計算上の財産額の変動」が人の心理に影響を与えるのである。

実際に株を安値で売って損をする人だけでなく、評価額が下がるだけで消費や投資を控える人が出てくる。逆に言えば、株が高くなると、株を実際に売却して儲けが実現されていなくても、「儲かったような気分」になって財布のヒモがゆるむ個人や企業は案外ある。だから、株価の変動が国全体の需要に影響を与える部分が出てくるのである。

こうして、原油価格の下落というたった一つの原因で、じつに多様な影響が経済のあちこちに出てくる。その理由は、国のマクロ経済全体がさまざまなタイプの需要の総合であり、またその国の産業もじつに多様な企業群の巨大な集まりだからである。その上、世界の経済は、国境を越えた貿易や企業の投資、国際金融や国際証券投資（その代表例が株式投資）などでつながっている。ほとんど無数といってもいいほどの経済関係、取引関係の網の目が世界中を覆っているのである。

だから、日本の景気が世界の動きに振り回される。一つの価格の動きからの波及で、日本の企業の売上やコストにも影響が出てしまうことがある。しかも、そうした影響はプラスのものとマイナスのものが同時に生まれ、それらが多数入り混じって日本経済にインパクトを与える。そうしたプラスやマイナスの国全体の集計結果として、日本経済と日本企業への影響が最終的に確定するのである。信じがたいほどの多数の論理経路を考えないと、外の世界の出来事からの振り回され方も、見当がつかないということになりかねない。

しかし、それほど複雑な現象の総合結果を精密に論理計算する能力は、人間には与えられていないというべきであろう。だから、大まかな見当をつけるための、論理の枠組みが必要となる。せめてそれを頼りに、大筋は間違いのない結論にたどり着くための、論理的思考の枠組みである。

その論理の枠組みでは、経済全体を見る眼をもたなければならない。それを提供するのが、マクロ経済学という経済学のメインの分野である。その概説が、「第2部　マクロ経済を考える」の役割である。

政府は財政政策と金融政策で景気の波を平準化

こうした景気の波動に対して、政府の政策はほとんど効果を持たないと考えられていた時代があった。景気循環は資本主義特有の現象で、政府はほとんど傍観するしかないという考え方である。

しかし、一九二九年にアメリカの株式の大暴落を発端に世界中に広まった大不況は、大恐慌と呼ばれ、多くの失業者を各国で出す悲惨な状態となった。その状態を改善したいと、政府の政策でなんとか経済を安定化できないか、せめて景気の波を平準化できないか、と考える人たちが出てくる。

そうした経済学者の中で、今日に至るまで論理的基礎となっている理論枠組みを作ったのは、イギリスの経済学者、ジョン・メイナード・ケインズであった。彼が一九三六年に出版した『雇用・利子および貨幣の一般理論』は、マクロ経済学の基礎を作った古典的名著である。

彼は、政府がとる財政政策と金融政策をたくみに組み合わせると、不況の時には新しい需要を生み出すようなインパクトを政府が経済に与え得ること、好況が行き過ぎてインフレなどになりそうになったら需要を抑制するインパクトをもたらせる可能性があることを、理論的に、かつ整合的に（つじつまを合わせて）説明できる理論を作った。

政府の財政政策の典型例は、公共工事のように政府自身が行なう公共投資である。金融政策の典型例は、国が決める公定歩合など、中央銀行から市中銀行への貸し出し利率を変化させることによって、民間の投資需要を刺激したりすることである。

さらに言えば、不況期の公共投資のような財政政策のための財源を国債発行に求めても、それで景気が回復すれば税収が増えて国債償還の原資ができることになる。こうして、政府の財政政策と金融政策がバランスを長期的にとっていれば、政府の財政破綻を招くことなく、景気変動を小さくする役割を政府が果たせる、ということになるのである。

ただし、「財政政策と金融政策のバランスを長期的にとっていれば」という仮定をきちんと満たすような規律ある行動を、現実の政治的圧力にさらされる政府がとることは、じつは難しい。たとえば、目の前の不景気対策として財政出動せよ（公共投資をせよ）という政治的圧力が高まるのが、選挙で選ばれる議員たちが構成する議会の通弊であろう。だから、景気をよくするために財政政策を使い過ぎる傾向が政府に生まれるのである。

つまりは、国民がそうした政治的圧力を掛けがちなのである。だから、日本をはじめ多くの国の政府が、国債の発行が過大となって、国の借金に悩み、財政破綻の状態を迎えることになりがちとなる。したがって、「自分はまじめに働いているのだから、政府がなんとかしてくれ」という、ある意味では十分に理のある中小企業の声の集積が、政府の財政破綻に向わせることになってしまう危険があるのである。

つじつまと合成の誤謬

もちろん、中小企業の社長が「財政は破綻しても構わない」と考えているわけではないだろう。しかし、彼らの声が集まり、まわりまわって、政府の財政破綻という誰も望まない状況をもたらしてしまう危険がかなりある。

誰も望まないのに、全体を集計してみると、時間の経過とともに悪い事態が起きてしまうことを、合成の誤謬という。全体を構成する部分部分はそれなりに理屈のある行動をとっていても、全体を合成すると、その結果が誰も望まない事態に立ち至る、ということである。

そうなってしまう最大の理由は、最後の最後はつじつまが合わないと経済全体は動かないからである。財政政策の実行のために国債発行をすれば、いつかは国の借金を返さないとつじつまが合わない。だから、国債償還の時期がくると、その償還原資が税収などで十分にない場合には借金返済のための国債をさらに発行せざるを得なくなる。それで、国が財政破綻への道を歩むことになる。

あるいは、国債発行をして政府が市場の資金を吸収すると（国債は誰かが引き受けなければ発行できない）、その資金に国全体のカネが吸収され過ぎて、民間の設備投資などにカネが十分に回らなくなる危険がある。市場への資金供給には限界があるからである。そうなると、経済成長の基本になる技術進歩のための投資資金が民間に十分に回らなくなって、国全体の成長基盤をかえって小さくしてしまう。

ここでも、誰かが国の成長基盤を縮小しても構わないと意図的に判断しているわけではない。国全体で使える資金量に限界があるときに、政府が大量にカネを吸収してしまうと、その後のつじつまが合うためには民間への資金供給が減らざるを得なくなる、ということである。

つまり、つじつま合わせが経済全体ではつねに必要となるから、合成の誤謬が結果として発生する。当初思いもしなかった現象、逆説が起きる。

もっと逆説的な合成の誤謬も、マクロ経済全体では発生することがある。たとえば、日本の「失われた二〇年」での企業の借金返済である。よく一九九〇年代を「失われた一〇年」と言うが、じつは日本の経済低迷は二〇一〇年代にかけても続いた。この二〇年間、日本企業は全体として借金を少なくし、現金を積み増し、その分投資を抑制してきた。個々の企業にとっては、景気がよくないので投資がそれほど必要でなく、手持ち資金を借金の返済に使って財務体質を強化した方がいい、と思うのはもっともである。経済低迷期をしのぐための企業の論理としては、正しい部分がある。

しかし、多数の企業が同時に借金返済を優先したらどうなるか。みんなが投資を控えるから、全体の投資需要が低迷する。そのあおりを受けて、国全体の需要も伸び悩み、結果として経済低迷はさらに続くことになる。海外進出でも新事業開発でも、投資を積極的に企業が行なう場合との比較を考えると、その差は大きい。

さらに、そうした低迷が続くと、企業は利益をなんとか出すために人件費抑制に走ったりする。それがじつは消費需要を一段と押さえ込む効果をもってしまう。企業にとっての人件費とは、働く人にとっては収入であり、消費の原資だからである。それで、経済はますます不況から抜け出せなくなる。こうして、不況しのぎのための個々の企業の「もっともな」行動の集計（合成）が、全体の不況をさらにひどくする、という誰も望まない結末に終わる。

マクロ経済の中では、あちこちで多様な論理の経路がさまざまに動いている。それでも、どこかでつじつまが合わなければならないから、当初想定したような論理経路の結果とは違う結末になることも多い。そうした結末まで考えるためには、多様な論理経路の全体を眺めるための基礎的な論理枠組みをもたなければならない。

その論理枠組みを考えるのが、「マクロ経済を考える」ということである。

第2章 なぜ株価や為替は日替わりで目まぐるしく変わるのか

株価も為替レートも、「価格」である

株価とは、ある企業の株式（銘柄と呼ばれる）一株の取引「価格」である。上場企業であろうと非上場企業であろうと、その株式の売買取引が行なわれるときに、売り手が買い手から受け取る一株当たりの金額のことである。

株価は、株式という商品の取引「価格」だから、ふつうのモノの価格と同じように、需給の関係で上下する。需要が多くなれば価格は上がり、需要が少なくなれば、あるいは供給が大きくなれば価格は下がる。

為替レートとは、異なった通貨の間の取引「価格」である。たとえば、円とドルとの間の為替レートは、円を売ってドルを買う、あるいはその逆にドルを売って円を買う、そうした売買取引の際の価格である。だから、通貨の需給関係で、為替レートが決まる。円を買いたい（つまりドルを売りたい）という人が多ければ、円の価格が上がる。円を売りたいという人が多ければ、円の価格が下がる。

円高とは、円の価格の上昇であり、ドルの側から見ればドルの価格の下落である。だから、一ドルのドルを手に入れるために必要な円は少なくて済む。円の価値が上がって、少ない円で同じ一ドルが手に入るのである。円安とは、その逆で、円の価値が下がることであるから、より多くの円を払わないと同じ一ドルが手に入らなくなる。

株式市場での売買取引価格としての株価、為替市場での売買取引価格としての為替レート、この二つはともに需給関係によって変動する市場価格の代表例で、原油市場での取引価格としての原油価格、鋼材市場での取引価格としての鋼材価格、などと全く同じような意味の価格なのである。

しかし、株価と為替レートは、たんに特定の商品の価格という意義を超えて、経済全体に大きなインパクトを及ぼす原因ともなる変数である。たとえば、株価が動けば、株式をもっている人たちの財産価値が変動する。しかも、株式をもっている人の数はきわめて多い。また、株式市場の平均株価は経済の健康状態の象徴的な数値表現とも受け取られている。

そして、為替レートの場合、このレートの上下動にしたがって貿易などの国際取引を決済する人たちの受け取り額、支払額に大きな影響が出る。だから、たとえば「円高になると日本の産業の輸出競争力にマイナスになる」と大騒ぎとなる。

こうして、株価も為替レートも社会的なインパクトの大きい「価格」であり、しかも毎日目まぐるしく変動する。だから、テレビの定時ニュースでも日経平均株価と為替レートなどが必ず報道されるのである。

多数の市場参加者、多様な取引動機

株式市場も為替市場も、インパクトの大きさだけでなく、市場への参加者の広がりという点でも他の商品の取引市場とはかなり異なる。二つの市場は、原則的には誰でも参加できる自由度があり、実際に多くの人が売買に参加している。個人として株式投資や、外国為替投資をやっている人も多い。為替投資でなくても、読者の多くは海外旅行の際に空港で円をドルに換えたりしているはずである。これも為替取引の一例である。

また、株式や外国通貨は、いったん買ったものをすぐに転売する自由度もきわめて高い。金融商品だから取引完了までの実務（たとえば商品の受け渡し）などが簡単だから、容易に転売や再購入などができるのである。それは、売買の容易さということにつながり、だからこそ市場への参加者の数も多くなるのである。中古自動車の売買と比べてみれば、その容易さはすぐにわかるだろう。

こうして市場の参加者がきわめて多数ということは、じつは多種多様な取引動機をもった取引参加者が同じ市場で売り買いしているということを意味する。為替であれば、海外旅行のため、貿易取引のため、海外資産購入の決済のため、あるいは値上がり期待で投資するためなど、多様な取引動機がある。株式についても、老後の資産形成が目的といった購入動機から、デイトレーダーのように目先の価格変動で儲けようとする投機的動機、あるいはM&Aの準備のための会社支配権入手のための購入まで、多種多様な取引動機がある。

取引動機がここまで多様な商品は、ほとんどあり得ない。たとえば半導体部品市場では、半導体を使った機器の生産をしたいという購入動機が、圧倒的であろう。だから、その市場には専門流通業者や半導体生産企業あるいは半導体使用企業しか取引に参加しないのである。

しかし、株式市場や為替市場ではクロウトからシロウトまで、じつに多様な人が多様な動機で大挙して参加している。彼ら市場参加者がもっている情報や知識のレベルは、かなり格差があると思うべきだろう。一方で最先端のコンピュータ分析をもとに売買の決定をしているプロの投資家、投機家がいるかと思えば、素朴な情報をもとに少しでも財産を殖やしたいと思っている個人投資家もいる。

こうして情報のレベルに大きな差がある、多様な取引動機をもった市場の参加者たちが、需要側と供給側にわかれてぶつかり合い、需給の変動を生み出し、その結果として日々の株価や為替が決まってくる。つまり、多様な取引動機や多様なレベルの情報の合成結果として、株価や為替は決まるのである。だから、株価も為替も、毎日日替わりで目まぐるしく変動することになる。

ファンダメンタルズが価格の基本

毎日のように価格が動くと言っても、基本的な価格決定の論理がないわけではない。株価も為替レートも、それを決める基礎条件のことを、ファンダメンタルズという。さまざまな取引動機の中で中心的な動機と思われるものの大きさを決める、基礎的な経済条件のことである。

たとえば、株価であれば、その企業の収益力（利益の大きさ）がファンダメンタルズの代表例である。収益力が高い企業の株に投資すれば、将来高い配当が期待できて、株主としての収入が大きくなるだろう。また、転売する場合にも、収益力の高い企業の株には買い手がつきやすいから、高く売りやすいだろう。

為替レートのファンダメンタルズとしてよく上げられるのが、それぞれの通貨でその本国においてどのくらいの商品を実際に買えるのかという「購入可能量」である。たくさんの量の商品を買える通貨は、みんなが欲しがる。最終的には通貨の価値は、実際にモノを買える力で決まるのである。

ただし、購入可能量といっても、さまざまな商品がモノ市場で売買されるので、多種類のモノの売買価格を平均した「物価」というものがその「モノを買える力」を示す指標として使われる。物価が安いということは、たくさんのものを一定の通貨量で買えるということで、それはその通貨の価値が高いことを意味するのである。

通貨の価値が高いと思えば、それを手に入れたくなる人が増える。たとえば、ドル表示でのアメリカの物価が安いと思えば、円を売ってドルを買いたいという人が増える。典型的には商社などがそのドルで買った商品を日本に輸入すれば、日本円で高く転売できると思うであろう。だから、ドルを手に入れたくなり、ドルの価格が上がる（つまり円安）。

物価の安い国の通貨がどこまで上がるかといえば、それぞれの通貨の本国でモノを買う場合の購買力が同じになるまで、為替レートは上がる。もう円を持っていても、円を売ってドルを買っても、どちらもモノの購買力が同じ、というところまでいくと、円とドルのモノの購買力の違いはなくなり、それを理由にした為替取引動機はなくなるからである。

このような、購買力（物価）というファンダメンタルズで為替レートが決まる、という理論を購買力平価説という。購買力が同じになるということを「価値が平らになる」という意味で「平価」というのである。企業の収益力というファンダメンタルズで株価が決まるという理論は、収益力説とでも呼ぼうか。

いずれの理論も、取引動機の中で中心的と思われるものを選んで、それを取り巻く経済条件で価格が決まるとする仮説で、株価と為替の決定についての代表的な理論である。

為替レートの場合は、モノの購買力の違いという取引動機以外に、それぞれの国の金利の違いも大切なファンダメンタルズである。金利の高い国の証券投資や融資は、高い金融収入を期待できるので多くの人がしたくなる。その投資をするためには、その国の通貨を手に入れて、その通貨でその国の金融市場で投資や融資をする必要がある。だから、アメリカと日本の間の金利の差がアメリカ優位（アメリカが高い）に変化すると、ドルを買おうという動機が強くなる。ドルでの金融投資をしたい人が多くなるからである。

しかし、企業の収益力、国ごとの物価水準、金利水準などというファンダメンタルズは、毎日毎日大きく変化するものではない。企業の利益水準など、年度ごとの決算ではじめて数字は明らかになるし、四半期ごとの決算として途中経過報告があったとしても、三カ月に一度しか利益の数字はわからない。物価水準でも、統計値の発表はせいぜい月次か四半期ごとである。

つまり、ファンダメンタルズは日替わりで変動するようなものではないのである。それなのに、なぜ株価や為替レートは毎日変動するのか。しかも、ときには一日で数パーセントも価格が上下するほどに、変動幅も案外大きいのはなぜなのか。

しかし、人々の期待はゆれ動く

その基本的理由は、ファンダメンタルズについての人々の予想が、多種多様な理由で毎日のように変化するからである。

その上、将来の予想（期待と呼ぼう）が少しでも変化すると、それに敏感に反応する人たちが、株式市場でも為替市場でもかなりいる。その代表例が、投機家と呼ばれる、長期的な投資をするというより短期的な価格変動そのものから儲けようとしている人たちである。安いときに買って、高くなるとすぐ売ることで差益を稼ぐ人たちである。

株式市場も為替市場も、多くの人が自由に売買に参加できる市場である。ということは、いろんな知識レベルの人がさまざまな理由で参加しているということであり、異なった情報をもとに新しい予想をもって売買に参加する人たちが多いということである。

その期待の中には、自分だけが手に入れた情報をもとに、他人とは違う期待をもっているということもあるだろう。あるいは、株価や為替レートがなんらかの理由で上がり始めると、その上がり始めたという現象だけで「まだ上がるのではないか」という期待が生まれたりすることもある。言わば集団心理である。

そうしたさまざまな理由で異なる期待を持った人たちが、その先の値上がり益を目当てに、「自分だけは儲けられる」と思い込んで株や通貨を買うという行動をとるようになる。そうなると、実際に買おうとする需要が大きくなるわけだから、その結果として価格が上がっていく。つまり、価格が上がるという予想があるだけで実際に価格上昇が起きてしまう、という恐ろしい話があり得るのである。

市場の参加者が多く、取引動機も情報レベルもまちまちであれば、彼らが抱く将来への期待もまた多種多様であろう。だからこそ、同じ価格で売る人と買う人がいる。期待が違うから、ある人は手放してもいいと思い、別の人は手に入れたくなる。そこで売買が成立する。みんなの期待が同じになったら、売買は成立せず、価格は動かなくなるだろう。

こうした多種多様な人々のもつ期待は、人間の予想なのだから、さまざまな理由でゆれ動く。たとえば政府の政策変更というような一つの経済現象を、さまざまな人がさまざまに解釈し、異なった期待をもつに至る。期待が多様に動いてしまうのである。

つまり、ファンダメンタルズに関する予想は、毎日変わり得る。経済の基礎条件の実質的変化をきっかけにしても、あるいは集団心理でも、人々の期待はゆれ動く。だから、株価も為替レートも、ファンダメンタルズそのものはそれほど頻繁に変化しなくても、期待の変化によって価格変動が毎日起きるのである。

人々の期待の変化によって価格が動くことを知っている人は、人々の期待の変化の行き先を読もうとする。その「読み」が、多くの投機家の興味の対象である。つまり、他人の期待の動きを読んで、その先を行って早めに売買するからこそ、売買差益を手にすることができる。それが投機家の行動の基本原理である。

こうして人々の間の、予想の「読み合い」が始まる。そして、多くの投機家の先の読みがこうなるのでは、という先の先を読もうとする人も出てくる。そうした先読みと先読みのぶつかり合いの中から、市場全体の主観的期待感の合成が生まれる、と言ってもいい。その合成とは、しばしば美人投票になぞらえられることがある。みんなが美人と思えば、美人になるのである。

もちろん、株価や為替の長期的なトレンドはファンダメンタルズが決めている、と考えるべきだろう。しかし、目まぐるしい短期的価格変動は、期待の変動や美人投票の結果でもある、と言うべきでもあろう。

一円一票の多数決で決まる、「偏差値」

そんな美人投票のような株価、しかも毎日変動する株価を、企業の中で気にする人々が多い。そもそもこの章を私が書く気になったのは、読者代表の次のような素朴な疑問が寄せられたことがきっかけであった。

「株価が変わると、もう会社の中の動きがおもしろくてたまらないんです。自分の手柄だとか、これがよかったとか、言い出す人が出てくる。株価なんて別に当てにならないじゃんとか、思うんですけれど、その変動に多くの人が一喜一憂してしまうのは、なぜなんでしょうか」

株価だけでなく、為替の動きも、多くの人が気にする。その理由の一つは、株価や為替がその背後に人間の組織を抱えている、ということであろう。株価であればその銘柄の企業、為替であればその通貨を発行している国といった人間集団がそれぞれ背後にある。

ふつうのモノの背後には、人間の組織はないし、そのモノの値段がなにかの人間集団の価値表示にはつながらない。しかし、株価と為替レートは言わば人間集団に値段をつけていることになっている。簡単に言ってしまうと、「いい企業の株価は高い」「いい国の為替レートは高い」という社会常識がどこかにありそうなのである。

だから、株価や為替レートはその背後の組織のよし悪しの「偏差値」のような機能を果たしてしまっている。スコアカード機能と言ってもいい。

それゆえに、企業の経営者は自社の株価を気にする。株価が高いと経営能力が高いという偏差値の高さにつながるからである。国の為政者も、貿易へのインパクトを別にすれば、為替レートが高いと国際的信認が高まると安心する。通貨価値の高い国は国としての信用度が高い国と思われることが多いからである。

なぜ、美人投票にもなぞらえられるような決まり方をする株価や為替レートに、偏差値機能が生まれるのか。

それは、株価や為替レートが市場参加者の大勢の意見の集約として決まった、言わば「多数の人間の総合的評価」の数字だからである。「みんなの共通的な見解だから、正しい」というわけである。そこには、民主主義の多数決の原理の正しさに似た、市場での多数決という「正当性」の感覚がある。

ただ、政治の世界の民主主義の多数決の原理は一人一票での投票による多数決で、つまりは同じ意見をもつ人の「人数」の多さが正当性の根拠だが、市場での多数決の原理は一円一票の多数決である。多くのカネを投入する人の意見が大勢を決するのだから、一円が一票という投票をしているに等しい多数決なのである。

株価の場合を考えてみればいい。ある企業の株を買いたいという注文の金額が大きければ、多くの株が買われて、それによって株価は上がる。その注文の金額とは、注文総額であって、買いの発注を出す人間の「人数」ではない。為替でも同じで、円を買いたいという注文金額が大きくなると、円の価格が上がる。たとえ円を買いたいという人数が多くても、一人一人が少額しか買い注文を出さないのであれば、円の価格はそれほど上がらない。

こうした一円一票の多数決原理は、じつはすべてのモノの市場での市場価格の決まり方の原理でもある。どのようなモノ（「財」と経済学ではいう）でも、需要が大きいということは買い注文金額が大きいということで、その場合には価格が上がる。供給が大きいとは売り注文金額が大きいということで、その場合には価格は下がる。

すべての資本主義あるいは市場経済の国の経済は、基本的に市場メカニズムで動いている。そこでは人々がさまざまな商品の価格という指標に導かれて、経済行動をとる。高ければ売り、供給する。安ければ買い、需要する。

したがって、市場メカニズムの根幹は価格である。その価格という魔物の本性を、株価や為替レートは見事に見せている。たしかに、価格決定のファンダメンタルズはある。しかし、人々の期待のゆれ動きが、価格を激しく上下させる。

それは、程度の差こそあれ、土地にも、鉄鉱石にも、化学素材にも、パソコンにも、基本的には当てはまる論理なのだが、株価と為替レートの場合には、市場への参加者の数と多様性、そして売買の容易さゆえに、その論理がより激しく機能する。だから、株の乱高下のような魔物に似た動きをすることがあるのである。

しかし、そうした動きの底に、一円一票の多数決原理が他の商品と共通に存在していることを、われわれは忘れてはならない。

一円一票の市場の多数決原理と一人一票の民主主義の多数決原理。多数決原理は、経済の世界の市場メカニズムと政治の世界の民主主義とをつなぐ、大きな連結ピンである。

第3章

なぜ日本は製造業では世界一になれても、金融では世界一になれないのか

世界一の自動車メーカーは日本企業なのに……

この章を書くきっかけになった読者代表の素朴な疑問は、次のようなものであった。

「なぜ日本は製造業でトップになれたのに、金融じゃ世界ナンバーワンになれないんでしょうか。いろいろな人に聞くと、いや、それは政策が問題だよとか、アメリカが……とか、いろいろとご説明いただくんですけど、まったく理解ができないんです」

たしかに、たとえば自動車産業に例を取ると、「世界販売台数一位」「アメリカ市場での顧客満足度ナンバーワン」など、トヨタ自動車が世界一の自動車メーカーだというイメージは広く

共有されている。

もちろん、製造業のすべての産業で日本企業が世界一になっているわけではない。たとえば、パソコンや半導体では、日本企業は苦戦している（もっとも、半導体では三〇年ほど前には日本企業が世界をリードしていたが）。しかし、鉄鋼、電子部品など日本企業が世界的な優位性を保ち続けている産業も多い。

それに比べると、銀行など金融業では、日本企業が世界をリードしてきた、あるいはしている、とは言えそうにない。

銀行の経営規模を示す指標の一つが総資産額、つまり資金力であるが、それにもとづいた世界の銀行の国際ランキングで近年は中国工商銀行などの中国の銀行が上位を占め、そこにフランスのパリバ銀行、ドイツのドイツ銀行、イギリスのバークレイズ銀行などが続く。日本からはゆうちょ銀行や三菱東京ＵＦＪ銀行がトップテンの下位にかろうじて入る程度である。

銀行業はもともとかなり国内型の産業で、どこの国の銀行も国内の預金などで資金を集め、それを国内の企業に貸すという業務が基本にあることが圧倒的に多い。この国内金融業務では、それぞれの国の銀行がその国の情報蓄積や信用度という面で競争力をもつのが当然となり、国際競争というのは発生しにくい。中国の銀行が総資産額で世界のトップクラスになっているのは、中国の銀行の国内業務が中国経済の急速な拡大で巨大になってきているからである。

しかし、銀行業にも国際的な金融取引が大規模に存在しており、その分野では国際的競争がかなりある。たとえば、ロンドンで資金調達をする非欧州企業にシンジケートローンなどの貸付の仲介をするという国際金融業務、あるいはアメリカで企業買収をする非米国企業に買収までのお膳立てや買収資金の調達の仲介をするといった、投資銀行業務である。

その投資銀行の世界では、世界ランキングの上位三社は毎年のようにいずれもアメリカの投資銀行で、ゴールドマン・サックス、モルガン・スタンレー、J．P．モルガン、である。この分野では、リーマンショックのきっかけとなったリーマン・ブラザーズという投資銀行の破綻直後に日本の野村證券がリーマンの国際投資銀行部門を買収したが、その買収の成果も現在まであまり出ないまま、野村證券は相変わらず苦労している。

トヨタ、世界一への道

その一方で、トヨタは二一世紀初頭の現在では世界一である。しかし昔から世界一だったわけではない。

トヨタは、第二次世界大戦直後の日本で、よちよちと乗用車生産を始めた「東洋の弱小自動車メーカー」だった。その後六〇年近い歳月をかけて、自らの国際的地位を世界一へと上げてきたのである。

戦争直後の日本で、日本の乗用車産業は国際劣位だった。日本に乗用車産業を興こすべきかどうかという問題が、戦後の産業政策の政府内の争点となったほどである。

当時の日本銀行（以下、日銀）総裁は「国際競争力のある乗用車を生産するだけの産業全体の基盤がない日本が、乗用車など生産すべきでない。輸入すればいい」という意見だった。自動車のボディをつくる鉄鋼の薄板すら上質なものを日本の鉄鋼業は作れなかった。エンジンを加工するための工作機械産業も日本は遅れていた。つまり、さまざまな産業の広い裾野を必要とする乗用車生産は、日本の産業全体の実力に見合っていないというのである。

逆に、当時の通商産業省（現在の経済産業省）は、「広いすそ野が必要な産業だからこそ、乗用車を日本で作る必要がある。国際競争力のある乗用車生産を目指すことで、日本の産業全体に与える波及効果は大きい」と論陣を張った。

結果として通商産業省の意見が通り、自動車産業は戦後のしばらくの期間、輸入から保護され、また機械産業全体の振興策もとられた。その後の歴史は、みなさんもご存知の通りである。

もっとも、トヨタの海外輸出は戦後初期から順調だったわけではない。一九五七年という早い段階でアメリカへ輸出されたトヨタ・クラウンは評判が悪かった。当時の日本にはまだ高速道路がなかったため、連続長時間高速運転など、日本での経験がなかったのである。だから、高速安定性がない、エンジンがすぐにオーバーヒートする、などさんざんな評価だった。だから、トヨタはいったんアメリカ輸出を中断した。

その後トヨタは、一九六五年に対米輸出を本格的に再開する。五五年から始まった日本の高度成長が日本の国内乗用車市場を拡大させ、トヨタもさまざまな生産経験を積み、本格的な新車開発もできるようになってきたのである。

トヨタの対米輸出をはじめとする海外輸出にはずみがついたのは、一九七三年のオイルショックを契機に世界中の自動車市場で日本車の燃費のよさが高く評価され始めたことだった。皮肉にも、その背後には日本のガソリン価格の高さがあった。

オイルショック以前から日本政府の政策でガソリンの小売価格のおよそ半分が税金で、つまりは消費者にとってガソリンが高かった。オイルショック直前のアメリカでの私の生活経験では、日本のガソリン価格はアメリカの四倍であった。だから、自然に小型で燃費のいいエンジンの開発に日本の自動車メーカーは力を注ぐ。アメリカ車は一方、大型のボディーと大型のエンジンが開発のポイントで、ガソリンをまき散らすように走っても多くの人が気にしなかったのである。

しかし、オイルショックによる原油価格の高騰が、すべてを変えた。燃費のいい日本車の対米輸出が巨大な量になっていった。すると、アメリカとの間の貿易摩擦が起きるようになる。その摩擦がピークに達したのが一九八一年で、「対米自動車輸出自主規制」という妙な名前の政策が、アメリカ政府の要請を受けた通商産業省の音頭で日本の自動車業界に課せられたのである。その結果、対米輸出を規制された日本の自動車メーカーは大挙して北米生産に乗り出す。言わば、海外生産を貿易摩擦が強制したのである。

そして、日本の自動車メーカーは九〇年代以降も世界的発展の手をゆるめず、その発展の象徴が二〇〇八年にトヨタの年間販売台数が世界一になったことであった。その後、東日本大震災の影響などもあってトヨタは二〇一一年の販売台数こそ一位を譲ったが、その後は世界一を続けているのである。

産業の国際競争力は、何で決まるのか

日本車の魅力は、価格を中心とする経済的魅力が大きいこと（新車価格があまり高くなく、しかも燃費がいい）と、クルマのでき上がり品質が高く、また長期にわたって故障が少ないことである。つまり、価格と製品のよさの両方で、国際優位を日本車は確立できたのである。

それを可能にさせた要因は、大別して三つありそうだ。第一は、何と言っても自動車メーカーの技術蓄積がきわめて大量にかつ速いスピードで進んだことである。つまり、技術がいいから、いいクルマを安く作れる。

第二の要因は、他の産業の発展で産業基盤ができたことである。典型例は、鉄鋼であり、工作機械である。つまり、素材や設備がいいから、いいクルマを安く作れる。

第三の要因は、国内市場の厳しさである。ガソリン価格が高い上に、日本の消費者は高額商品である自動車に厳しい要求を突きつけた。ボディにほんの小さなスクラッチが入っていても、エンジン音が少しうるさくても、それはダメと細かいところまで厳しいのである。それがじつは、自動車メーカーの技術蓄積を促進した大きな圧力となった。

しかし、すべての製造業でこうした産業発展の論理が歴史的に成立してきたわけではない。だから、日本が戦後のある時期には国際競争力はあったのに、時代の変化とともに国際優位を失ってきた産業もある。繊維産業がその典型であろう。

あるいは、産業の誕生の初期からほぼ一貫して日本企業が国際優位をもてないままで現在に至っている産業もある。コンピュータ産業（ハードもソフトも）がその典型であろうし、製造業ではないが金融業もまたそうした産業の一つの例と言っていい。

特定の企業の国際競争力が伸びたとか衰えたと言うのではなく、国という単位で国際競争力が強くなる産業、弱くなる産業があるのである。自動車の場合も、トヨタだけが強いのではなく、ホンダも日産も国際競争力がある。コンピュータや金融の場合も、日本全体の企業がおしなべて国際競争力がないのである。

なぜ、こうして産業間で国単位の国際競争力に差が出るのか。

あえてシンプルに私なりに基本的理由を述べれば、理由の第一は技術蓄積の深さとその国際展開可能性（技術を生かした製品を実際に国際市場が受け入れられるようなものにできる可能性）が国を単位として決まることがあること。理由の第二は、企業が利用する資源の価格が国を単位として決まる部分があること。

よりわかりやすいと思われる第二の理由から、簡単に解説しておこう。

もっとも一般的な資源価格要因は、人件費という労働資源の価格である。賃金の安い国では、製品コストは安くなる。それで、国際的な価格競争力がもたらされることになる。日本の繊維産業が戦後のある時期に国際競争力を持てた理由の大きなものが、当時の日本の人件費が国際的にみて安かったことである。

あるいは、為替レートが円安に設定されていれば、日本の資源（典型的には人材）のドル表示価格は安いことになる。だから、その資源を使った日本企業の製品の海外販売価格も安く設定できる。一九七一年まで続いた一ドル三六〇円という固定為替レートは、円安効果による日本産業の価格競争力を大きくもたらしたものであった。

日本の繊維産業の国際競争力は、こうした資源価格要因に依存したものだった。だから、日本経済の発展とともに日本の賃金が上昇していくと、労働集約的部分のかなりある日本の繊維産業の競争力は落ちていった。さらに、一九八五年のプラザ合意で始まった一ドル二四〇円前後から一五〇円前後までの急激な円高の波に襲われると、日本の繊維産業の国際競争力は急速に低下していった。それは、価格要因を中心とする経済学の教科書通りの展開であった。

しかし、日本の自動車産業は、人件費の高騰や円高の波のマイナス影響を繊維産業と同様にかぶったにもかかわらず、強い国際競争力を保ったままである。その背後には、基本的理由の第一である、技術蓄積がある。自動車メーカー自身の技術蓄積の深化のみならず、日本の素材産業や設備機器産業の技術蓄積の深化が高度に進んだおかげで、日本の自動車産業を支える技術蓄積はきわめて深いものになっていったのである。その技術蓄積が、世界中の顧客が望むようないいクルマを安くつくることを可能にした。

つまり、日本の自動車産業は価格要因を中心とする経済学の教科書通りの展開を避けることができた。非価格競争力があったと言ってもよい。

同様のことが、繊維産業でのイタリアにも言える。人件費の高いイタリア企業が繊維産業でいまだにかなり高い国際競争力を維持し続けている。それは、ルネッサンス以来の伝統をもつイタリアという国が、デザイン力をも含めた広い意味での技術力に優れているからだと思われる。

日本のコンピュータ産業や金融業の国際競争力が一貫して低いままなのも、結局は技術蓄積の浅さとその国際展開可能性の低さが原因だと私は思う。すぐれたコンピュータ・ハードやソフトを作り出す技術力、すぐれた金融商品を作り出す技術力、その技術力を国際的に通用する製品に展開する可能性、そういった技術的な要因について、国際優位を発揮できるような蓄積を作り出すことが、コンピュータでも金融でも日本企業にできなかったのである。

日本という壁――言語、軍事、通貨

こうして私は技術という要因の重要性を強調しているが、「技術蓄積」とその「国際展開可能性」といった二つの言葉で、技術と国際競争力との関係を表現していることに注意して欲しい。

技術蓄積そのものが浅ければ、もちろん国際競争力はない。しかし、技術そのものはある程度蓄積できても、それを国際的な製品へと展開するプロセスで何らかの障害が存在すれば、国際競争力は実際には発揮できなくなる。海外市場での競争力は、技術そのものの競争ではなく、それが製品という形をとったものが受け入れられるかどうかによって決まってくるからである。

この技術の「国際展開可能性」という点で、じつは日本語という意外な壁にぶつかっている産業がある。コンピュータ（とくにソフト）も金融も、そうした産業の例である。

コンピュータソフトは、それを一般の人が使う際には、それぞれの国の人が理解できる言語を介して使う。多くのコンピュータソフトが英語でもともとは使われるようになっているが、それはアメリカ企業がそのソフトを開発したという理由だけでそうなっているのではなく、英語を使う人が世界中に多いから、英語のままで済んでいるからでもある。

しかし日本のコンピュータソフトメーカーの場合は、日本語という壁がある。彼らは国内市場向けにまずソフトを開発するだろう。自動車企業が国内市場向けにまず製品開発をするのと同じである。それは当然に日本語ベースのものになるのだが、その製品を海外市場で販売しようと思うと、少なくとも英語化したバージョンを作らなければ、誰も買ってくれない。日本語を使う人が海外市場ではほとんどいないからである。

したがって、日本のコンピュータソフトメーカーは海外展開のために、英語化というかなり面倒なステップ（ソフトそのものだけでなく、説明書も含めて）を踏まざるを得ない。アメリカ企業にはまったく存在しない、余計なステップである。

金融の場合も、国際金融の現場では金融取引の売り込みや交渉にどうしても言語が必要となる。そこでの標準言語は英語である。大英帝国以来の伝統といっていい。だから、日本の金融機関が金融実務に優れた人材を育てたとしても（つまり、技術そのものを蓄積しても）、その人材は日本人であることが大半であろうから、彼らがもうワンステップ、英語にきわめて堪能であるというステップを経ないと、国際金融市場で展開可能な金融サービスの提供はできないことになる。

この英語能力の追加というワンステップは、アメリカの金融機関には存在しない壁である。彼らの母国語が英語だからである。

こうした日本語の壁という「国際展開可能性の障害」は、モノを売る産業にはあまり存在しない。たしかに流通段階では現地の言語が必要というようなことはあるが、製品そのものについて日本語という壁が生まれるということはない。たとえば自動車の場合、日本国内向けに燃費のいいクルマを開発すれば、そのクルマの燃費のよさはアメリカでもまったく国内と同じように通用する。モノは、モノ自身が物を言ってくれるのである。

こうした技術の国際展開可能性以前に、そもそもの技術蓄積を企業がする際にも国によってその容易さが違うことがある。

その典型例は、軍事開発のための国防予算が民間企業の技術蓄積のベースとしてどれくらい使えるか、という違いである。戦争を放棄するという憲法をもった日本は、戦後は国防予算を戦前と比べれば大きく減らしたし、世界の警察官を自任してきたアメリカの国防予算の大きさと比べれば、はるかに少ない国防予算であった。

その国防予算のかなりの部分は、軍事技術の開発に使われる。そこで蓄積された技術が民間に転用されることになると、基礎開発は企業の負担ではなく国の負担で行なわれたということになる。

たとえば、コンピュータは軍事技術の要の技術でもある。そもそも、コンピュータの曙の時代の開発目的は、大陸間弾道弾の軌道計算だった。あるいは、インターネット技術の開発目的は、核攻撃をアメリカ本土が受けても分散通信網をもっていれば反撃能力を保てるという理由で、分散通信のネット技術を開発することだった。だから、アメリカの国防予算がアメリカのコンピュータ関連企業を陰で助けている、と言えそうだ。

金融の世界では、アメリカの通貨であるドルが国際的な基軸通貨であり、ブレトンウッズ体制というアメリカ中心の体制が第二次世界大戦後の世界の国際金融の基盤であり続けている。それゆえに、金融商品の技術蓄積においてアメリカの金融機関が有利になっている理由があるのかもしれない。

日本語の壁、軍事の壁、そして国際通貨の壁。そうした、個々の企業の努力ではどうしようもない「国という壁」が立ちはだかれば、その壁にマイナス影響を受ける産業の国際競争力が小さくなるのは、理の当然である。コンピュータや金融は、そうした壁が二重三重に立ちはだかった産業だったように私は思う。

逆に、自動車の場合、軍事の壁がある程度プラスに作用したようでもある。戦後、日本の軍需産業が実質的に消滅したのだが、その結果、戦前に陸軍や海軍の航空機の開発に従事していた軍需産業の技術者が大量に自動車産業に流れ込んだ。それが、日本の自動車産業の技術蓄積プロセスの基盤の一つになった。

こうして、日本という国のありようそのものが、異なった産業の国際競争力に時にはプラス、時にはマイナスのインパクトを与えてしまった。だから、この節のタイトルを「日本という壁」としたのである。

第4章 会社の中で、経済学は何の役に立つのか

「知らずにじつは使っている」経済学の論理

この章で選んだ素朴な疑問は、『経済を見る眼』というタイトルの本にとっては、案外と厳しいものである。読者代表曰く、「経済学って会社生活の中で、どんな役に立つんでしょうか。私は全然、知らなくても損した気はしないし、重要そうだということはわかるんですけど、実際に仕事には使っていないと思います」

この疑問に対して、「会社の中でさらに重要な仕事をするようになれば、経済学の知識も必要になるよ」と答えるのは簡単だが、それではこの疑問に正面から答えたことになっていない。

そこで私は、「じつは、知らない間に経済学で練り上げられた論理の切れ端を使っていることがずいぶんとあるはずだよ」と答えたい。

「知らずにじつは使っている」というところがポイントである。だから、「これからは意識して」その論理の切れ端はさらに深めて考えるようにすると、ますますきちんと使えるようになるはず、役に立つようになるはず、というわけである。

その典型的な例が、「コストが安い方の手段を選ぶ」、という論理である。

機械設備や部品・材料を買おうとする場合、性能や品質に大きな差がなければ、誰でも価格が安い方を選ぶだろう。自分が払わなければならないコストを判断基準にするのは、スーパーで買い物をする場合にも、会社で大きな買い物をする場合でも、当たり前だと誰でも感じる。

しかし、コストというものをつき詰めて考えると、じつに多様な経済的判断がこのコスト基準で行ない得ることに気がつく。会社をつくってみんなで事業活動をした方がいいか、自分一人で事業を行なった方がいいか。大学と共同研究をした方がいいか、自社内で自前の研究をした方がいいか。性能の違う設備のどれを買ったらいいか。すべて、それらの手段の中で長期的にコストの安い方を選べばいいのである。もちろん、コストというものの中に何を入れて考えるかを幅広くかつ精密に考える必要があるが、その精密な考え方を経済学が教えてくれる。

つまり、「こんな風に考えれば、結局はすべてコストか」というわけである。そう腹落ちすれば、経済学がより役に立つようになる。それが、「経済を見る眼」を身につけることの第一のメリットである。この点については、次節でさらに解説しよう。

経済を見る眼が身につくことの第二のメリットは、自分の仕事の回り方を見る視点の「高度」を上げると、大きな観点から企業の現場を見ることができるようになることである。経済を見る眼が、視点の高度を上げることに貢献してくれる。

企業は、自分を取り巻くより大きな経済的な環境の中で活動している。だから環境変動の影響を否応なしに受ける。そうした自社を取り巻く大きな環境の全体を眺めながら、その中に自社の現実の動きを位置づけてみるためには、現場のディテール一本槍の視点からさらに「視点の高度を上げる」必要がある。そのメリットについては、次々節でくわしく解説する。

経済を見る眼を身につけることの第三のメリットは、身の回りの経済現象を出発点に、回り回って結局どこに事態が収束しそうか、そうした「事の展開の落ち着き先」を考える思考の枠組みを手に入れることができる、ということである。それで自分の思考が深まり、仕事の場でも深く考えた判断ができるようになる。

たとえば、経済的不平等を小さくするために政府が経済的弱者に資金を分配する対策を打つ、という問題を考えてみよう。それは、援助される弱者のことだけを考えれば、当然に「いい政策」ということになる。しかし、その弱者の判定の仕方はどうしたらいいか、あるいは援助のための資金をどのように捻出するか、ということまで考えると、案外と事は簡単でなくなる。政府が過剰に援助対策をとらない方が、弱者自身のためにもかえっていいという逆説が成り立ち得るのである。

「事の展開の落ち着き先を考える」という思考の枠組みについては、この章の最後の節でよりくわしく解説することにしよう。

経済学とEconomicsのちがい

「経済学の知識は仕事の現場の自分とはあまり関係ない」と読者代表氏がつい考えてしまう一つの原因は、経済学という言葉の語感（あるいは語源）にあるのかもしれない。

経済学という日本語は、明治維新のころにイギリスから入ってきたPolitical Economyという学問の日本語訳として、福沢諭吉（慶應義塾大学の創設者）が作った言葉だという。政府の税金の集め方と予算の使い方を中心としたトピックが当時の関心の的だったためか、中国の古典などに「経世済民」の略語として用いられてきた「経済」という言葉を、福沢諭吉はPolitical Economyの訳語として使ったと言われている。

経世済民とは、世を経（おさ）め、民の苦しみを済（すく）う、という意味である。あくまで、国レベルの政策についての言葉である。だとすれば、経済学とは、国家の政策を考えるための学問で、企業の現場とは距離がずいぶんある、と感じる人が多くてもおかしくない。

しかし本家イギリスでは、Political Economyという言葉の代わりに、Economicsという言葉がこの学問分野を指す言葉として早くも明治中期から普及するようになる。明治二三年（一八九〇年）に著名なイギリスの経済学者アルフレッド・マーシャルが、Principles of Economicsと題する古典的名著を出版したのが、その大きな契機だったそうだ。

そもそも、Economyという英語の語源は、家政あるいは家計ということだそうで、そうなると「節約」というニュアンスの強い言葉だということになる。事実、エコノミーと言えば、飛行機のもっとも安い乗客席のことを思い出す人も多いだろうし、割安な「お徳用」サイズをイメージする人もいるだろう。

つまり、経済学は「経世済民」、Economicsは「節約」、がそれぞれ考え方の中心にあるという違いが、語源にありそうなのである。それが、どうやら日本における「経済学」の思考対象の幅と、英米におけるEconomicsの思考対象の幅と、その幅の広さに微妙な違いを与えているようだ。英米の方が、対象の幅が広い。

私は、経済学を若い頃に自分の専門分野の一つとして学び、その後に産業論や経営学へと活動の中心を移した人間だが、若い頃にアメリカに留学し、アメリカで教鞭をとっていたときに、「アメリカという国は経済学を人々が実践しているような国だ」と感じたことを覚えている。ふつうの人々の行動に、経済学の原理が入り込んでいる、という感覚である。それと比べると、日本では経済学が人々の生活に入り込んでいる感じが少ない。

こうした日米の違いについての自分の実感の原因について、私は当時、「アメリカは人種のるつぼのような国で多様な文化があるから、その多様性を乗り越えて社会としての秩序を作るためには、カネという文化を超えた共通の尺度に重きが置かれる」と考えていた。しかし、じつはその原因は二つの言葉（Economicsと経済学）の違いにもあるのかもしれない。

Economicsの原理が節約、つまりコスト合理性、ならば、それは世の中の誰にとっても関心事である。だから、多くの人が、その原理に対する関心をもつし、その原理にしたがった行動もとるだろう。それは、日本でも同じであろう。しかし、経済学が「経世済民」の学ならば、それはふつうの人間にとってはあまり関心事になりにくい。政府に働く人々を中心に関心を持たれるだけである。

私は、経済学の思考の根本原理は、コスト合理性だと思う。経済合理性という言葉があるが、その意味するところは、「コストがどちらが安いか」という基準をもとに合理性を考えることにあると思っている。

そして、コストに全ての経済的判断を帰着させて考えようとする論理には、すごみがあるとも思う。市場の勢力地図の行く末から企業制度の成り立ちまで、コスト合理性一本槍でここまで思考が深まるのかというすごみである。

視点の高度を上げると、見える景色が変わる

仕事の現場での多くの人の視点の「高さ」を、仮に物理的な目の高さになぞらえて、一メートル、としてみよう。立ったり座ったりしたとき、平均的な目の位置である。

その高度に視点をおいて自分の回りをきちんと注意しなければ、現実には仕事ができない。現場そのものの高度、といっていい。必要な高度である。

もっとも、その現場を管理する立場になると、もう少し直接の周りから目を転じてより広く

見ようとする必要が出てくるだろう。したがって、現場の管理者の視点の高度は一〇メートル程度にはなるかもしれない。現場で働く人々の都合を考える、隣の部署を考える、顧客の将来の要求を考える、といった視点の高さである。

さらに広く周囲を見渡す必要のある仕事も、企業の中にはある。たとえば、事業の戦略や中期の経営計画を考えるなど、現場の管理者のさらに上の、事業部長あたりの仕事である。彼らの視点の高度を比喩的に「一〇〇メートルの高度」と考えてみよう。戦略の高度とでも言おうか。

こうした高度と比較すると、企業の外の世界や社会全体を中心的な考察対象とする経済学の視点はさらに高くなる。たとえば産業全体の将来の動向を考えるという場合は、比喩的に一〇〇〇メートルの高度と言えるだろう。企業のガバナンス制度のあり方を考えるというような考察でも、この辺りの高度になりそうだ。さらに日本経済全体や世界経済の動きを考えるという際には、もう一桁数字が上がって「一万メートルの高度からの観察」ということになるだろう。

こうして現実を眺める視点の高度を上げていくと、見える景色が変わってくる。

たとえば、経済ではないが、東京の街を見るときを想像してみると、一メートルの視点では一人ひとりの顔が識別できるし表情も読めるが、多くの人間の集団としての動きは目に入りにくい。一〇〇メートルになるとかなり遠くまで見えるが、東京全体は目に入りようがない。一〇〇〇メートルの高度になると、やっと東京のかなりの部分が目に入る。たとえば東京スカイツリーは六三四（ムサシ）メートルの高さで、東京湾まで見えるようになる。さらに一万メートルの高さ（ジェット旅客機の巡航高度）まで上がれば、東京全体はもちろん視野に入るし、神奈川も千葉も関東全体が目に入るようになる。

経済現象を考える場合も同じである。高度によって見える景色が変わり、考える視野が広くなる。

そしてそれにつれて、心配事もかなり変わってくる。それを、経営者のチェックと牽制のためのコーポレートガバナンスの問題で考えてみよう。

高度一メートルから見ると、自社の社長の行動を誰かがきちんとチェックしてくれるコーポレートガバナンスの仕組みがいいと思える。高度一メートルとはすなわち、目の前の社長がときどき独裁的な行動をするので困惑している社員の目の高さである。そのチェック役として、社外取締役などが最近は期待されている。

しかし、高度を一〇〇メートルまで上げると、果たしてそのような期待に応えられる社外取締役候補者が自社に来てくれるのか、しかも社内できちんと発言できるような仕掛けを実際に作れるかが気になり始める。さらに高度を一〇〇〇メートルまで上げて考えると、今度は日本にそうした機能をきちんと果たせる社外取締役の人材が量的に十分に存在するかが心配になる。

高度を一万メートルまで上げると、そもそも株主の代理人としての社外取締役が経営者をチェックするだけでいいのかと気になり出す。企業を構成しているのは何も資本だけではない。長期的にその企業にコミットして働いている従業員たちも企業の重要な構成員、あるいは市民権者であるはずである。経営者のチェックメカニズムとして彼らの声を取り上げるような仕組みがあった方がいいのではないかと気になり出したりするのである。その先には、企業は果たして株主だけのものなのか、という企業制度の根本問題が隠れている。

こうして視点の高度を上げてものを考えるという作業を、企業の現場にいる人々もときにやった方がいい。より広い視野で考えるクセもつくだろうし、見える景色が変われば目の前の出来事への対応の判断も変わってくることがあるだろう。

そして、視点の高度を上げられるのは、高い高度からの「現実の見方の枠組み」を知っている人である。その枠組みの一つを、高い高度から見ることを自然にやっている経済学が教えてくれそうだ。

神の見えざる手、神の隠す手

さて、最後に経済を見る眼を学ぶことで身につくであろう、「事の展開の落ち着き先を考える」というメリットについて考えよう。

こうしたメリットの一つの例は、すでに第1章で紹介した「合成の誤謬」である。一つ一つはもっともに見えても、全体を合わせるとジグソーパズルがじつはうまく組み立てられない。多くの小さな論理の全体像が不幸な結末をもたらす、という「落ち着き先」の例である。

逆に、幸せな落ち着き先が「一見悪そうな」出発点からもたらされることもある。経済学の世界でそのもっとも有名な例は、経済学の祖とも言われるイギリスのアダム・スミスの「神の見えざる手」であろう。

スミスは、市場経済のよさとは「個々人が利己的に自分の利益を最大にするように市場で行動すると、結果として社会全体に調和の取れた秩序が生まれるというところにある」とした。「みんなが利己的に動くと、社会が混乱するように思えるが、しかし価格が個々人や企業の利害を導き、社会は落ち着くべきところへ落ち着く」というのである。

価格が上下に変わると、人々の利害が変化していく、というのが論理のミソである。価格が高くなれば需要は減って供給が増え、逆に価格が低くなれば供給は減るが需要は増える。こうして、市場の供給と需要がバランスするような均衡に向かうから、社会全体としての秩序が保たれることになる。それはあたかも、「神の見えざる手」が価格を通して機能しているようだ、とスミスは言うのである。

利己的な個人や企業の集まりという出発点から、社会全体の調和的秩序という落ち着き先へ、という意外な展開の論理である。

見えざる手とは英語で invisible hand というが、神の手は人間に見えていないだけでなく、人間から重要なものを隠すこともある。つまり神の手は、隠す手（hiding hand）でもある。何かを隠すというと悪いことのように聞こえるが、しかし隠されたからこそ人間が進歩を結果としてもたらす企てに乗り出すのだ、と喝破したのは、ドイツ出身のアメリカの経済学者、アルバート・ハーシュマンである。その原理を彼は「神の隠す手の原理」と呼んだ。

低開発国のみならず、多くの社会で停滞現象が起きるとき、その社会はドツボにはまったような状況になっている。ドツボとは、目の前の論理としては動きようがないように見える状況である。そこを抜け出して進歩や発展が実現されるのは、その進歩へ向けて「まず動いた」人々が何かを企てるからである。しかも、彼らの事前の予想とは異なった形で事が成就することが多い。

ハーシュマンは世界銀行のコンサルタントとして、世界の各地で当初は予想もしなかった困難に遭遇したが、それを乗り越えた結果として成功した開発プロジェクトを多数見てきた。

たとえば、パキスタンのパルプコンビナート（現在はバングラデッシュ）の開発成功事例。このコンビナート構想は、そもそもその地域に自生していた竹をパルプ素材として活用するという構想であった。しかし、工事完成のしばらく前に、地域の竹林で多くの竹に花が咲いた。花が咲いた竹は死ぬ。竹というパルプ素材が地域から消えてしまった、数百年に一度という不幸な出来事であった。

しかし、地域開発の目玉プロジェクトを中止するわけにいかず、結局は他の地域から麻などの繊維を輸送するための鉄道建設なども追加され、最終的にはパルプ工場は完成した。そして、地域の鉄道などの各種インフラがかえって整備されるというメリットも生まれた。

こんな例が多いということは、それが単純な「結果オーライ」ではないということだ、とハーシュマンは考えた。そして、そこに共通するメカニズムを自ら論理化し、「神の隠す手の原理」と呼んだ。

まず神の隠す手が、プロジェクトの構想を作る人たちの目から、その後に起きる想定外の困難を隠してくれる。だから、人間はその企てに乗り出す。そして、動き始めた後で、とんでもない困難に遭遇する。しかし神の隠す手は、人間の問題解決能力をも隠している。その隠された能力を人々が発見して、結果として困難を乗り越えて企ては成就する。成就の形は、当初の構想とは案外と違うことも多い。

人間はしばしば、自分の遭遇しそうな困難だけは事前に想像する能力に長《た》けており、また自分の問題解決能力を過小評価する存在でもある。だから、困難な企てに乗り出す人が少ないのである。そして、ドツボにはまったと嘆くだけとなる。

そこから抜け出して発展という成果がもたらされるためには、困難も問題解決能力も、両方ともを神の手が人間から隠してくれる必要がある。

そんな神の隠す手があることを信じて、まず動いてみる。もちろん、やみくもにただ挑戦するのではなく、全体として大きな構想が成立し得ると思ったら、細部にはこだわらずにまず動くことを決める。歩き始めるべし。

それは、失われた二〇年を経験して萎縮してしまい、ドツボにはまったような日本にとって、重要な示唆である。

神の隠す手という原理は、たんに「事の展開の落ち着き先」を読む論理という重要さだけでなく、現在の日本にとっての実践的大切さのある経済の論理の一つだ、と私には思える。

第2部

マクロ経済を考える

第5章

マクロ経済をどう描くか

高度一万メートルから、GDPを見る

一つの国の中で行なわれている経済活動が全体としてどう動いているか。その全体の姿の現在を観察し、理解する。そしてその姿が将来はどう変わっていくかを論理的に推測する。さらには国全体の経済活動の将来の姿をいい方向へもっていくためにはどんな政策が必要かを考える。それが、マクロ経済学の基本的な役割である。「マクロ」とは、国全体という意味での「大きな姿」という意味である。一方、企業の動き、消費者の行動、競争のあり方、などの経済の一つ一つの部分の動きを分析するのが、ミクロ経済学である。小さな部分

という意味で、ミクロなのである。

マクロ経済学の考察の中心的対象になるのは、国全体の経済活動の「規模」の大きさである。規模が大きくなれば、経済活動がより活発になったということで、その結果として国民の生活がより豊かになることが期待されている。

マクロ経済を見るということは、あたかも一万メートルの高度から国全体を眺めているような感じである。

二〇一四年の政府統計によると、日本には一億二七〇〇万人の国民がおり、世帯数でいうと五二〇〇万世帯になる。経済活動の中心になるであろう企業の数も、法人企業（株式会社や有限会社という会社形態の組織）だけで一七〇万社もあり、個人事業主も入れると企業総数は四一〇万という巨大な数になる。こうした企業に働く雇用者の数は、日本全体で六三〇〇万人ほど（二〇一四年一二月）である。

それだけ膨大な数の企業や人々が、日々さまざまな経済活動を行なっている。経済活動とは、何か自分で生み出したものを他者に提供しその経済的対価をもらう、という活動で、その意味では生産活動と言い換えてもいい。製造業だけでなくサービス業もサービスの生産を行なっていると考えればよい。

その規模、つまりある期間（たとえば一年）の間のその経済活動の大きさを計る尺度として、経済学では「その期間に生み出された経済的価値の大きさ」という意味の「付加価値」という概念を用いる。

一つの企業が生み出した付加価値とは、その企業の収入から外部から仕入れたものへの支出を引いた差額である。

収入とは、売上のことだが、それは企業が顧客に提供した製品やサービスに対して顧客からいただいた経済的対価である。支出とは、外部から購入したものへの支出額で、外部へ支払った経済的対価である。いただいた経済的対価と支払った経済的対価の差額は、その企業が生み出した経済的価値であり、企業が自社の活動によってつけ加えた価値、ということになるのである。

こうした価値を生み出すために、企業はヒトを雇い、資本を投入して機械設備などを揃える。ヒトと資本は、どちらが欠けても生産活動はできない。その二つが共同して付加価値が生み出されている、と経済学では考える。そして、企業が生み出した付加価値からヒトに「働きへの貢献分」として分配されるのが賃金である。また、会計的によく出てくる利益とは、付加価値から賃金（人件費）を差し引いたものであり、つまりそれは「資本投入の貢献分」として資本に分配される額のことである。

一つの国の中では、じつに多様な生産活動、つまり付加価値生産活動が行なわれているはずだが、それら付加価値生産額の国全体の集計総額が、国内総生産（Gross Domestic Product）といわれる概念である。生産活動の例として、わかりやすい企業を例にあげて説明したが、企業以外の非営利組織によって行なわれるものもある。たとえば、自治体の公共サービスである。その公共サービスの生産額は、公共サービスの市場価格などないことも多いので、実際にはサービス提供に要した公共予算額で推定することとなる。

これ以外にも、実際の個々の組織や個人による付加価値生産活動のすべてを統計的には把握できないので、さまざまな推定のルールを作って多種の基礎データから国全体の総付加価値生産額として推計された数字が、内閣府の発表するGDP統計である。

こうして作られたGDPという数字の毎年の伸び率が経済成長率と呼ばれる、政治家が気にする、またマスコミをにぎわせている数字である。

家計、企業、政府、そして海外、と大括りに見る

高度一万メートルから日本全体を見ると、とても一七〇万社の企業の個々の付加価値生産の状況など、くわしく見られない。また、一億三〇〇〇万人の個人の消費行動などもいちいち追いかけられない。どうしても、大きな括りでものを見て、把握せざるを得ない。

マクロ経済学の常套手段は、個人の方は「家計」という一つの塊、企業の方も「企業」という一つの塊、そして政府という経済主体も一つの塊として見る、というやり方である。日本全国をたった三つの「経済主体」からなると考える、というほどに極端な大括りの集計値で観察も考察も行なうのである。

その三つの経済主体がなにをしていると考えるか、を示すのが図5-1である。

この図での、三つの経済主体の間のモノとカネの流れは、次のように想定すればいい。

図5-1　家計―企業―政府の鳥瞰図

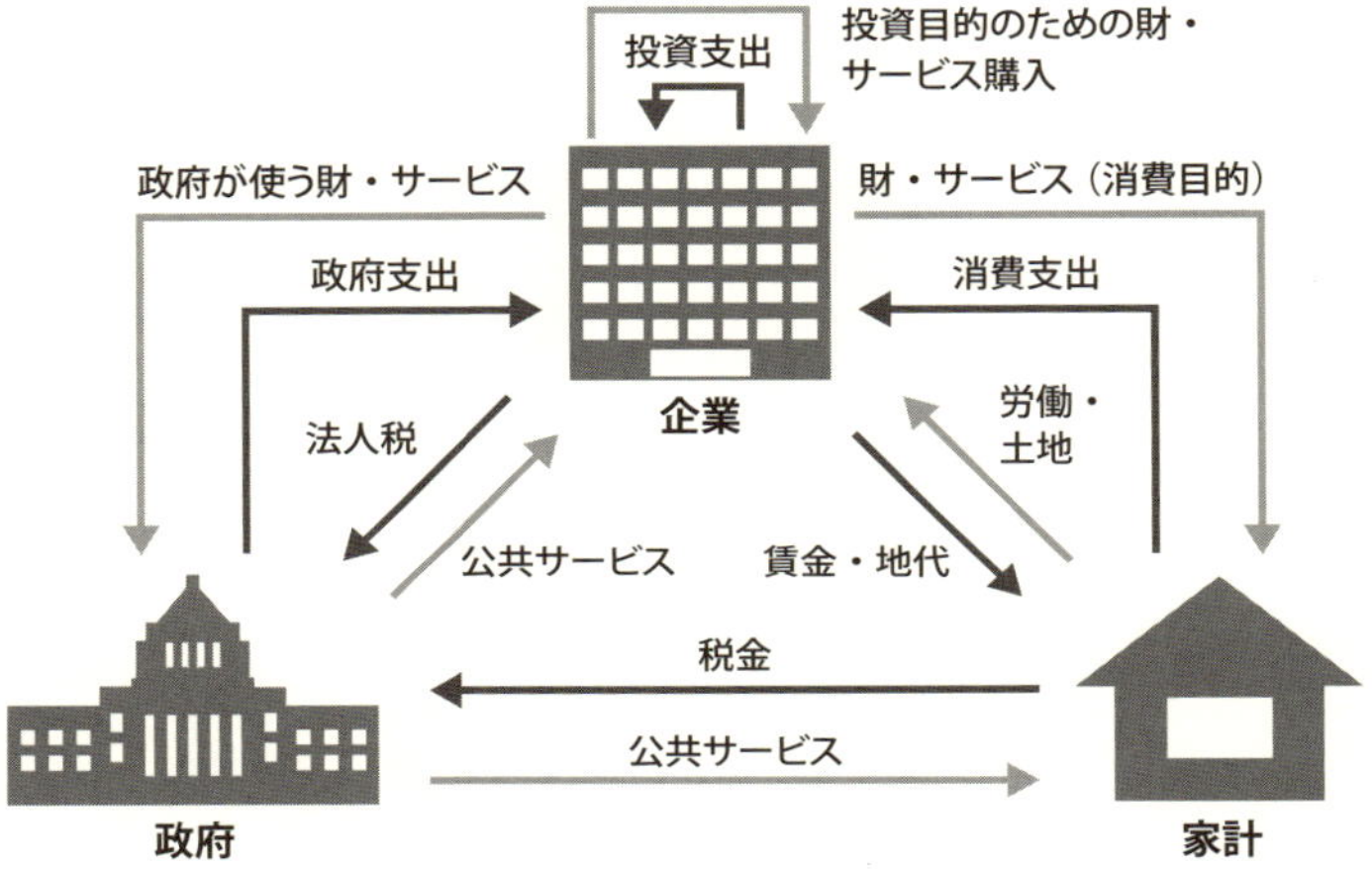

（出所）伊藤元重『マクロ経済学 第2版』（日本評論社、2012年）

まず、家計は労働をおもに企業に提供する主体で、その見返りに賃金を受け取る。ときには土地を企業に提供することもあり、その見返りが地代である。そうして受け取った所得で家計は生活をしている。そこでは、家計は企業が生産する製品やサービスを購入するが、その総額が家計の消費支出である。さらには家計は、時には住宅投資をその所得から行なうだろう。家計は、消費も投資も行なう経済主体なのである。さらに政府との間では、家計は税金を支払い、それへの見返りとして公共サービスを受け取っている。たとえば、国防、警察、社会福祉などである。

次に企業は、家計から労働や土地の供給を受け、さらには他の企業から各種の素材や部品やサービスなどを供給してもらい、生産活動を行なっている。生産活動の成果への対価は、売上収入という形で家計や他の企業（ときには政府）から受け取り、家計や他企業から供給を受けたインプットに支払う対価との差額が、企業が生み出す付加価値である。

さらに、企業は生産能力をもつための設備投資などの投資も行なう。そこで購入する投資財は他の企業から購入するものであろう。さらに、企業は政府に税金も納め、その見返りに公共サービスを受け取っているのは、家計の場合と同じである。

政府は、税金を集め、その反対給付として公共サービスを提供しているのだが、そのサービスのためにさまざまな消費支出を行ない、かつ公共投資も行なっている。そうした消費支出や投資は企業から購入するものである。また家計との間には、公務員の人件費の支払いなどの労働とカネの交換があるだろう。

こうして三つの経済主体はさまざまな支出をするのだが、企業の側にとっての需要となるのは、家計の消費支出、政府の消費支出、企業による投資（一つの企業の投資支出が他の企業の需要になる）、政府による公共投資、が主なものである。政府による消費支出と公共投資を合わせて、政府支出と呼ぶ。

また、ここまでの説明では海外という存在を考慮に入れていなかったが、海外需要としての輸出需要も企業にとっては大切な需要である。あるいは、国内のさまざまな消費や投資の支出に対しては、国内企業による供給だけではなく、海外からの輸入がその支出の対象になることもある。

輸出入も含めれば、一国の経済の生産と支出は、かならず等しくなる必要がある。生産されたものは、誰かの支出によって購入されるからである。売れ残りを心配する読者がいるかもしれないが、それは在庫に投資したと考えればよい。そうすると、

GDP（国内総生産）＋輸入＝民間消費＋民間投資＋政府支出＋輸出

という式がつねに成り立っていることになる。マクロ全体としては、この式が成立するようにつじつまが合っているのである。在庫は民間投資の一部と見なされている。

この式で輸入を右辺に移すと、GDPは次のように分解されることになる。

GDP＝C＋I＋G＋X－IM

C：民間消費　I：民間投資　G：政府支出　X：輸出　IM：輸入

それぞれの記号は、その言葉の英語の頭文字を取っている。

これが、高度一万メートルから見たマクロ経済の姿である。

二〇一五年度の日本のデータで概算をすれば、GDPが五〇〇兆円、民間消費が二九二兆円、民間投資（企業設備投資、民間住宅投資、在庫投資）が八五兆円、政府支出（政府消費支出と政府投資）が一二六兆円、輸出が八七兆円、輸入が九〇兆円、となっている。

貨幣が提供され、負債が生まれる

じつは、図5-1のような経済全体の中のモノとサービスの流れを円滑にするために、政府はこの図には書いていないきわめて重要なものを国民に提供している。貨幣である。日本であれば、円という通貨である。政府の一部門である日本銀行が一手に発行している。だから、紙幣を日本銀行券という。

貨幣は言わば、政府が「通用します」と宣言した証書のようなものである。みんながそれを信用して、市場取引の際の決済の手段として使っている。モノを買いたいときに対価として貨幣を渡し、モノを売るときには対価を貨幣で受け取っている。それだけでなく、手元に貨幣が残れば銀行預金として預けるなどという形で、貨幣は富の蓄積の手段としても使われる。その発行残高は、二〇一五年末で九八兆円ほどである。GDPのほぼ二割ほどの大きさである。

こうした貨幣を使った決済と資産蓄積のための機関として生まれたのが、銀行や証券会社などの金融機関である。その歴史的発生の形は、商品の決済の時間差（支払いと受け取りの時間差）の間に、資金として決済機関の手元に残る形となる資金の有効利用（他人へのその期間内の貸し出しなど）というものが多いようである。

どんな歴史的経緯があるにしろ、金融機関は利用者が預託したお金を、一時的にせよ資金が足りない企業や家計あるいは政府に対して、貸付などの形で資金提供をし、その提供に対する対価を受け取っている。資金受け入れの対価（たとえば預金利子）よりも高い対価を資金提供の際に受け取る（たとえば貸付利子）。資金提供対価と資金受け入れ対価の差額が金融機関の収入となる。

資金提供の対価の代表的な例が、銀行貸付の貸付金利であり、国債の利子である。貸付金利は企業への貸付や住宅ローンに対して銀行が受け取る収入、国債の利子は国への資金提供者が、金融機関でも企業でも家計でも、受け取る収入である。

こうして貨幣が市場の決済と富の蓄積の手段として使われ始めると、必然的に負債というものが経済のあちこちで発生するようになる。負債とは、将来に返済することを約束して一時的に借りているお金、というような意味だと思えばいい。そして、負債の反対側には、「その返済先」で「将来受け取ることができるお金」という意味での資産が発生している。

たとえば、銀行預金をすれば、預金者にとってはそれは資産だが、銀行にとっては将来それを引き出されたときに払い出す義務が生じるという意味で、負債である。企業貸付は企業にとっては負債であるが、銀行にとっては資産である。国債は、あきらかに国にとっての負債で、国債を買った人にとっては資産である。

世の中には、預金や債権というわかりやすい金融資産だけでなく、それよりはカネの出入りの仕組みの複雑な金融資産、たとえば、株式とかさまざまな証券類もある。それも含めて、すべての資産の反対側にはその資産保有者からの現金請求への支払い義務という負債がある。

こうして発生する負債は、その支払い義務を果たすまでの間は、借り手の側が自由に使えるおカネとなる。そのおカネは、当然に財やサービスの購買力をもつ。つまり、負債の発生は、その負債を負った人の購買力の発生ということにもなるのである。

その購買力が使われると、実際にモノやサービスの需要量が大きくなる。結果として、負債の発生がマクロの需要を押し上げるということになる。その典型例が、国が国債を発行して公共投資をする、という行動である。国債という負債の発生が、マクロの需要を公共投資分だけ大きくしているのである。

あるいは、住宅ローンという負債が民間で発生して（消費者が金融機関から借り入れるという負債）、そのローンを使って住宅を建てれば、住宅建設の需要が発生する。

負債はもちろんいつかは返さなければならないのだが、返済期間までの間は「仮の姿」にせよ需要を押し上げる効果をもつ。その需要増は、負債の増加によらない需要増（たとえば貯金を取り崩しての住宅建設）と、表面上は区別はつかない。しかし、負債返済の時期が来れば借り換えを続けない限り再現は期待しにくい需要で、だからはげ落ちる危険の高い需要でもある。

世の中の仕組みが複雑になってさまざまな負債ないしは資金調達の方法が工夫され始めると、マクロの需要に「本当は仮の姿かもしれない」需要が加わりやすくなる。それが、バブル経済の発生、つまり負債増による仮の好況の誕生と負債返済のための不況の到来、の一つのメカニズムのようだ。「返せると思って借りたおカネで不動産投資をした。それが返済できなくなった」というのが、日本の一九八〇年代のバブルでもアメリカの二〇〇〇年代のバブルでも、共通した特徴なのである。

表5-1 金融資産負債残高表（2015年度末）

（単位：兆円）

	金融資産残高	金融負債残高	純金融資産残高
家計	1,706	390	1,316
企業（非金融法人）	1,150	1,581	−431
金融機関	3,667	3,533	134
政府	554	1,245	−691
海外	577	927	−350

（出所）日本銀行

だから、マクロ経済の動きを見るときには、マクロ全体の負債の動きを注意してみる必要がある。その数字を提供してくれるのが、日本銀行が発表している資金循環表である。表5−1が、高度一万メートルから眺めた二〇一五年度末の国全体の金融資産と金融負債の残高である。GDP統計と同じように、家計、企業、政府の三つの経済主体ごとにまとめているが、金融機関は金融資産の受け手（あるいは仲介役）でもあるので、企業の中から金融機関だけを別分類して、資金循環表は作られている。

よく新聞などで「日本政府の負債が巨額で、一〇〇〇兆円を超してGDPの二倍以上」などという記事を見るが、それはこの表の政府金融負債残高（おもに国債）一二四五兆円のことを言っている。さらに、日本では家計の貯蓄資産が巨額にあるとも報じられるが、それはこの表の家計の金融資産残高一七〇六兆円のことである。

この表を見ると、日本では家計がほぼ唯一のカネの出し手（純残高がプラス）であり、国が最大のカネの使い手、次に企業、となっており、国の純負債残高の大きさは企業の四割増しもの大きさであるということがよくわかる。あまり健全な資金循環状況ではない、という印象であろう。国が企業よりもかなり大きくカネを使っており、それを返済するには税金が増えることによるしかないからである。

大括りに集計するから、規則性が見えてくる

私は前二節でマクロ経済をシンプルに描く全体図の中で、まず実物（モノやサービス）の需要や生産の姿であるGDP統計を説明し、そして次に同じような比重で金融資産と負債の全体像を説明した。多くのマクロ経済学の本と違うのは、金融負債の重要さを強調している点であろうか。

もちろん、金融負債に目をふさぐマクロ経済学者はいない。しかし、いきなり全体像の議論でマクロ需要と同じレベルの重要性をマクロの負債の動きに与えようとする人は少ないだろう。私が、負債というものの恐ろしさを、日本のバブルに続いて世界的なリーマンショックのバブルをともに同世代の人間として経験したからであろうか（私事ながら、私自身もバブル期に借金でゴルフ会員権を買い、大損をしている）。

貨幣は便利なもので、経済活動には必須である。しかし、貨幣があるから、貸し借りが容易にできるようになる。そこで、信用経済、負債経済が発生する。これが、さまざまな人間の思惑の根源になり、結果として貨幣は、おカネは、怖い動きを誘発する存在にもなる。金融と負債が絡んでくると、マクロ経済の動きはとたんに複雑に見えるようになるのである。

しかし、多くの人の思惑が絡み、負債が経済のメカニズムを複雑にするといっても、マクロ

の経済には一方でかなりの規則性が経験的に観察されている。それが、マクロ経済学のよさでもある。

それは、高度一万メートルから眺めるからこそ生まれる規則性、と言えるだろう。国全体の経済を、家計、企業、金融機関、政府、海外、という五つの経済主体にあえて大括りにまとめて眺めているからこそ生まれる、規則性である。

たとえば、GDPの中での民間消費の大きさは日本ではずっと六割弱の値でかなり安定している。つまり、所得の六割弱を日本人は平均的に消費しているのである。しかし、読者のみなさんの周りを見渡してみると、みんなが所得の六割弱を消費していることなど、ないであろう。人によって消費パターンは違う。

だが、一億三〇〇〇万人を集計してしまうと、そこには「全体的傾向」という名の規則性が発見できることがしばしばなのである。それは、個々人の事情の違いがお互いに相殺し合うからである。統計学で「大数の法則」という法則があるが、観察数を大きくしていくと変数の動きに一定の法則性が生まれるということである。

それと同じ原理が、マクロの統計にはある。だから、細かく見ていくのではなく、あえて大ざっぱに集計することによって全体の傾向をつかむ、という思考法が成立するのである。

それがマクロ経済の論理を支えている。これだけ「集計」してしまうから、典型的な論理が浮かび上がる。それを考えるのがマクロ経済学と言ってもいい。

たとえば、消費税率アップを延期すると、なぜ経済に当面は好影響が及ぶという論理になるのか。人によっては税率に関係なく消費する人もいるだろうが、多くの人の典型的行動として、税率が上がれば消費を控える、という論理は納得性があるし、経験的にも観察されているのである。

もちろん、一方でこれだけの政府の金融負債残高があるときに、税率アップ延期はさらに政府の財政の健全性を悪化させる危険があり、日本政府の国債の価格暴落の危険とも関係する。だから、消費税率アップ延期の真の効果は、プラスとマイナスのネットの効果として推測せざるを得ない。そのいずれの論理的推論にも、マクロ集計値の規則性にもとづく論理を適用することになる。

高度一万メートルから経済を眺めることの意義は大きい。それは、企業の現場にいる読者のみなさんも学んだ方がいい思考法でもある。

第6章

日本のマクロ経済はどう動いてきたか、動いてこなかったか

日本経済が成長しないのはなぜか

マクロ経済の現状を人々が話題にするとき、真っ先に出てくるのは経済成長率についての議論であろう。この本の第1章で「毎日、同じような活動、仕事をしているのに何で景気が好景気、不景気って変わるのか」という素朴な疑問を取り上げたときにも、みんなが気にする「変動」とは国全体の需要の伸びの変化のことだろう、と私は書いた。つまり、GDPの伸び率で計った経済成長率である。

マクロ経済の変数として経済成長率以外の変数ももちろん注目の的となる。失業率や賃金水

図6-1 GDPの日米比較：名目と実質

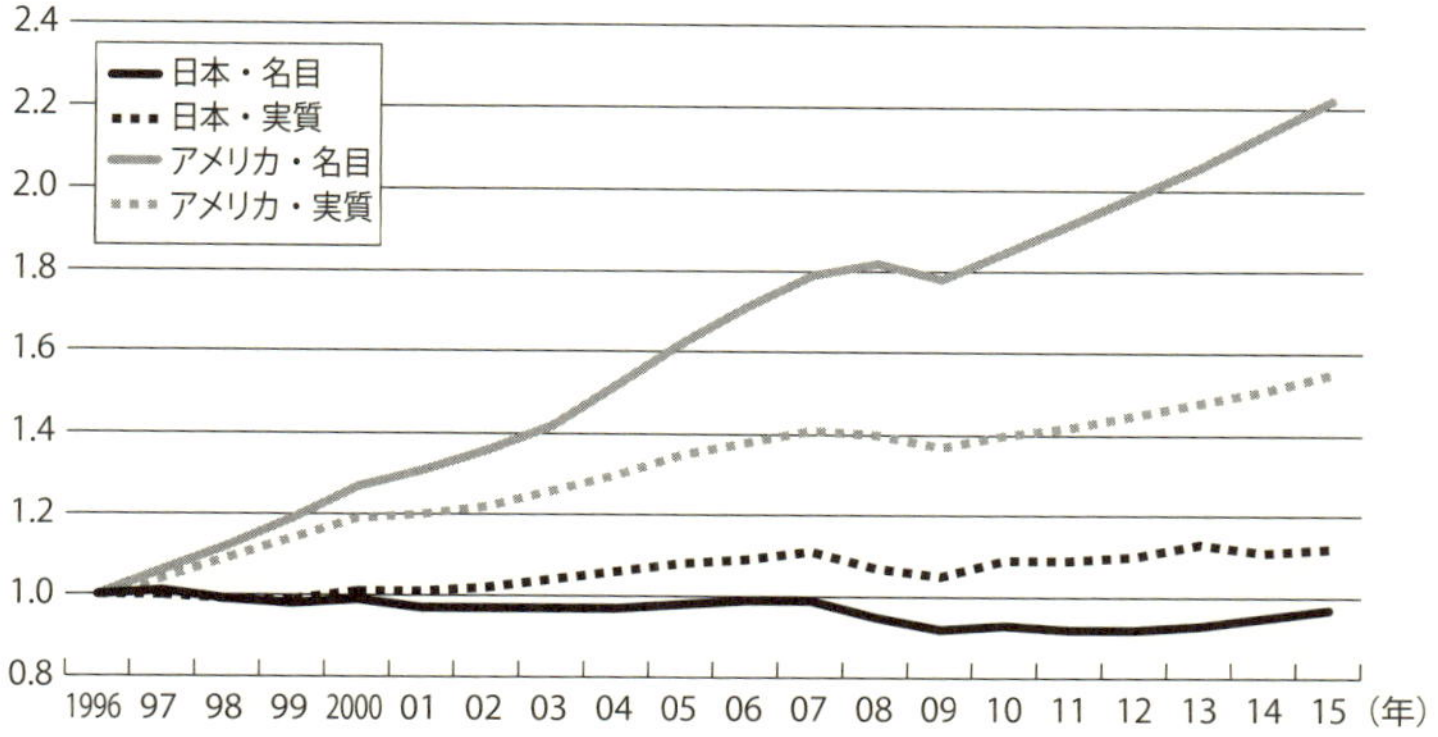

（注）縦軸は、1996年を1とした場合の比率
（出所）各国GDP統計

準、物価、など人々の暮らしに直接関連しそうな変数である。しかし、失業率も賃金も物価上昇率も、経済成長の従属変数と思われている。マクロ全体で経済が成長すれば、雇用が増えて失業は減るだろうし、賃金も上がることになる。また物価はそれなりに上昇するだろうが、物価上昇を上回る経済成長があれば、結局は人々の暮らしはよりよくなるだろう。

その経済成長の日本の現実を、この章では二〇年間という少し長い歴史的射程の中で考えてみよう。そうすると経済成長の議論がこのところ多い理由が見えてくる。日本経済がこの二〇年の間、ほとんど成長していないのである。

その「成長しななさ」の程度は、国際比較をすると衝撃的ですらある。図6-1は、日本とアメリカのこの二〇年間（一九九六年から二〇一五年まで）のGDPの動きを、日米比較がわかりやすくなるように一九九六年の両国のGDPを一として、指数化したデータのグラフである。

このグラフの名目ＧＤＰとは、毎年毎年のＧＤＰの計算値、実質ＧＤＰとは物価上昇率を考慮した物価調整済みのＧＤＰ値である。物価が上昇しているためにＧＤＰの計算値が大きく出ているのであれば、その分だけ修正しないと本当の人々の暮らしの実感に近いＧＤＰ値にはならない。日本のようにこの二〇年間物価が下落している経済では、仮に名目値が横ばいでも人々の購買力は実質的には物価下落の分だけは増えているわけで、実質ＧＤＰは成長していることになる。

グラフを見ると、日本の実質ＧＤＰは名目ＧＤＰよりもグラフが上になっている。デフレ（物価の下落）があるからである。逆にアメリカは、インフレがかなり起きているから実質ＧＤＰのグラフは名目ＧＤＰよりも下にくることになる。

しかし、このグラフでもっとも衝撃的なのは、日本の名目ＧＤＰがこの二〇年間横ばい、あるいは少し減少していることであろう。アメリカの成長と比べると、日本はまったく成長していない。二〇一五年のアメリカの名目ＧＤＰは二〇年前と比べて二・二倍になっているが、日本では三％ほど減少してしまっているのである。

実質ＧＤＰで比べても、アメリカは二〇年前と比べて五五％増しだが、日本はわずか一二％増えただけなのである。二〇年間で一二％だから、年率の成長率にすると一％にもならない。明らかに、日本経済は成長していない。

それは、一昔前の日本と比べれば、違和感を覚えるほどの変わり果てた姿である。たとえば、一九五〇年代半ばから七〇年代前半までの二〇年間ほどにわたって、日本は年平均九％を超す高度経済成長を長期間続けて、世界を驚かせた。その日本が、なぜ成長しなくなってしまったのか。

マクロ経済学の常識に従わない日本

日本の名目GDPはこの二〇年間、五〇〇兆円近辺でほとんど成長してこなかったのだが、その内訳を前章で分類したように、民間消費、民間投資、政府支出、輸出、輸入と分けて見ると、図6-2のグラフのようになる。

このグラフを一見して気がつくのは、民間消費と政府支出が二〇年間きわめて安定していること、民間投資、輸出、輸入がかなり変動してきたこと、その二点であろう。

とくに民間投資は、一九九六年の一〇四兆円から二〇一五年の八六兆円まで、一八兆円も減っている。二〇年間で一七%減である。それとは逆に、輸出は一九九六年には五一兆円で民間投資の半分ほどしかなかったのに、二〇一五年には八七兆円まで増え、増加分は三六兆円でじつに七一%の増加であった。輸入の方も、輸出と同じようなパターンで増えてきているが、二〇一一年の東日本大震災後の電力危機の影響で化石燃料の輸入が増え（同時に化石燃料価格の高騰もあり）、輸入全体は二〇一一年から大きく増加した。その結果、二〇一五年に日本の輸入は九一兆円となり、一九九六年と比べると四一兆円もの増加であった。

つまり、この二〇年間では輸出の増加額よりも輸入の増加額の方が大きい。したがって、純

図6-2　名目GDPの内訳

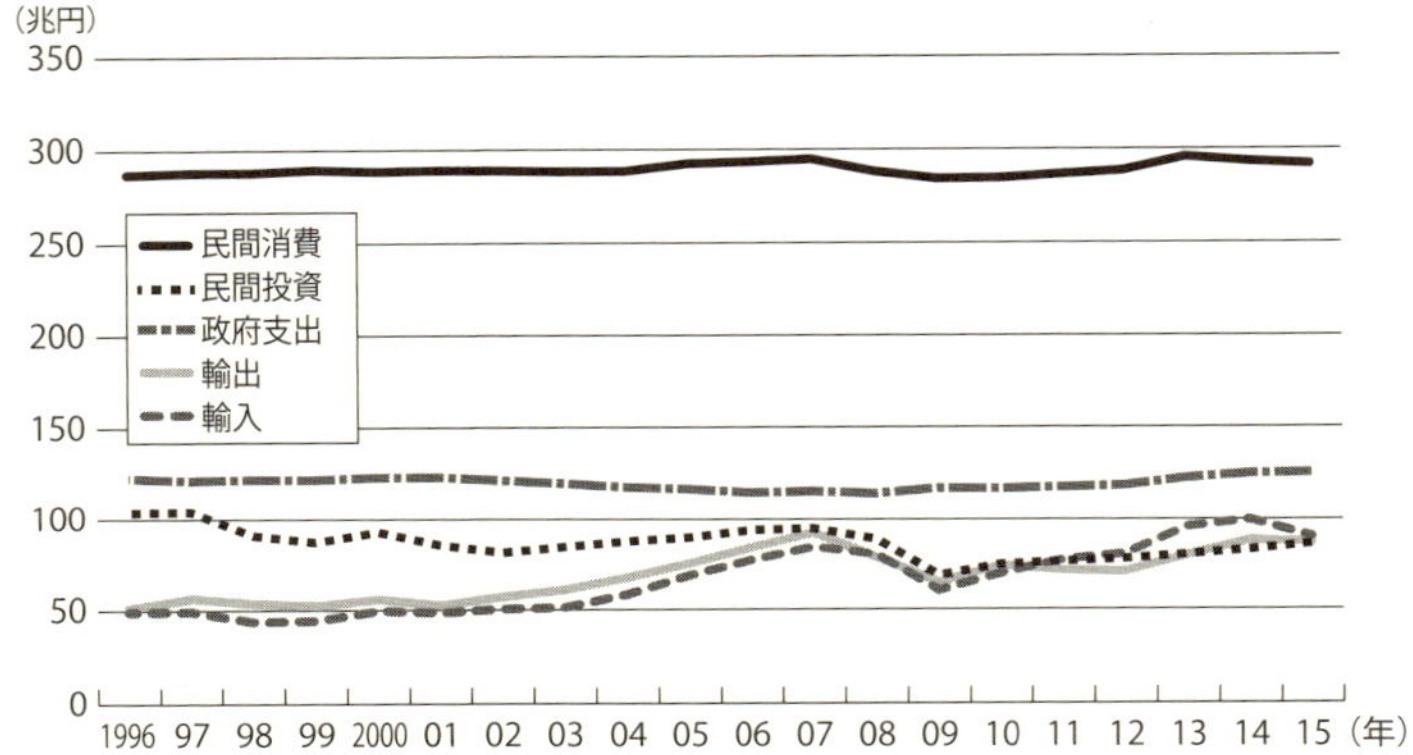

(出所) 内閣府GDP統計

輸出(輸出マイナス輸入)は一九九六年のプラス二兆円から二〇一五年のマイナス三兆円へと、五兆円ほど落ち込んだ。民間投資の落ち込み分である一八兆円と足すと、投資と純輸出の合計で二三兆円ほどGDPの減少があったことになる。この減少幅は当時のGDPの五%近い大きさで、民間消費の五兆円と政府支出の二兆円という微増がこの二〇年間であったものの、日本のGDPは一九九六年の五一六兆円から二〇一五年の五〇〇兆円へと、一六兆円も減ってしまったのである。

民間投資のかなり大きな減少は、通常のマクロ経済学の理論では説明しにくい現象である。投資は金利が下がると増える、と通常の論理は想定する。設備投資のような企業の投資であれば、金利が下がれば金利負担が減って儲かる投資機会が増えることになり、企業の投資は増えると想定できるからである。また家計の住宅投資の場合も、住宅ローンの金利が下がることによって住宅購入が増えることが想定できる。

じつは、この二〇年間、日本の金利はほぼ一貫して下がり続けた。典型的な長期金利の指標である償還期限一〇年の国債の金利（年平均流通利回り）は一九九六年の三・一三％から二〇一五年の〇・三五％まで、大きく下がったのである。それでも投資は増えなかった。

さらにおかしいのは、家計の金融資産は一九九六年の一二七二兆円から二〇一五年の一七〇六兆円へと増加し続け、企業は純金融負債を同じ二〇年間に六五二兆円から四三一兆円へと減らし続けたことである。

つまり、家計は金融資産を積み増しながら住宅投資を減らし、企業も負債を返済し続けながら投資を減らしていった。そのため結局、金利低下の効果は実現しなかった。

家計の行動はさらにマクロ経済学の通常の論理を裏切るものであった。これだけの金融資産の積み上げをしながら、金利も安く、デフレで物価も下がっているのに、総額としての民間消費は微増にとどまったのである。金融資産が増えるとその資産増加が家計に余裕感を生んで消費を増やす、という「資産効果」の仮説が通常の経済学が想定する論理だが、その効果はほとんどなかったようである。

輸出の増加はある程度は通常のマクロ経済学の論理で想定する、為替レートによる価格競争力への影響という論理で説明できる。一九九六年の円ドルレートは一ドル一〇九円だったが、二〇一五年には一二一円の円安になっており、たしかにこの二〇年の輸出の増加と平仄《ひょうそく》が合う。

しかし、この二〇年間は円ドルレートの大きな変動のあった二〇年であった。その為替変動

図6-3 為替レートと輸出

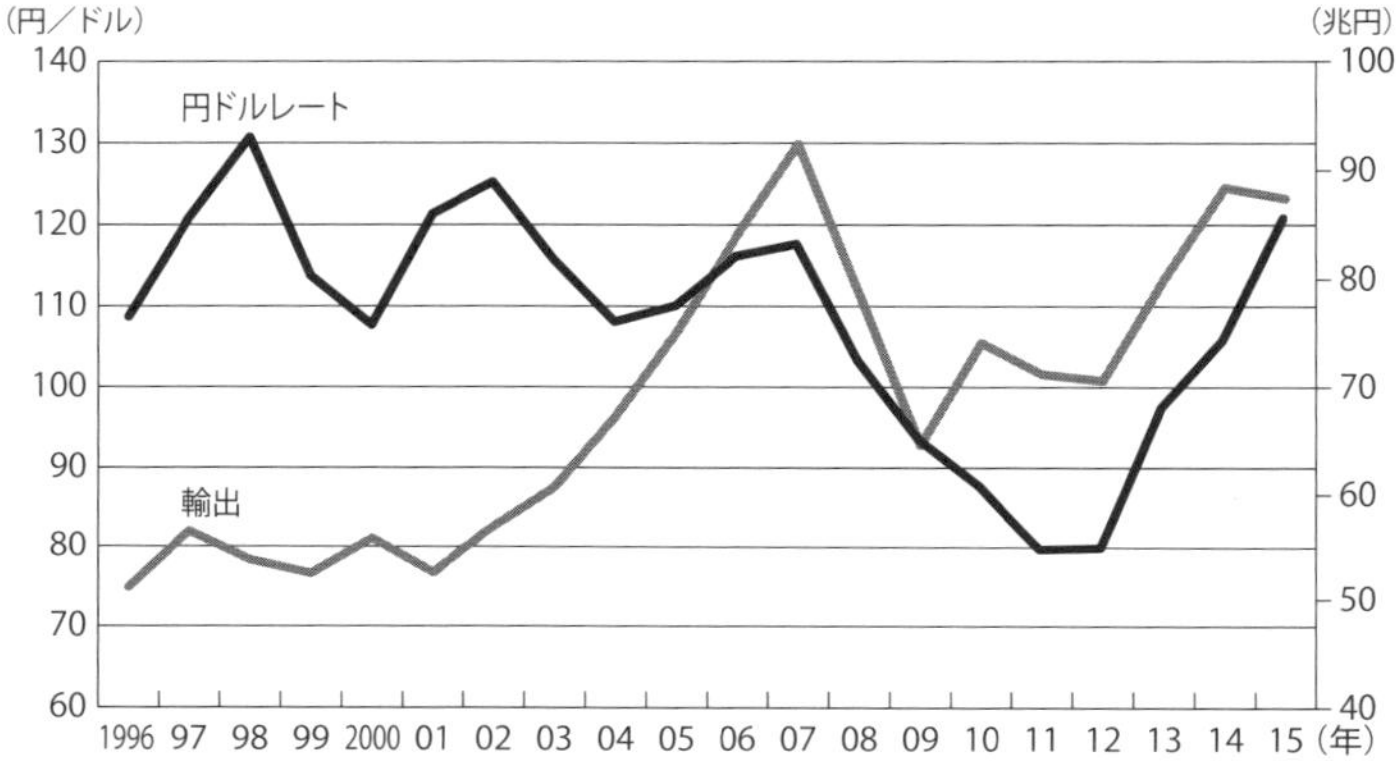

(出所) 日銀統計、内閣府GDP統計

と輸出金額のグラフを作ってみると、為替の動きに関係なく輸出が伸びた時期が二〇〇〇年代前半のかなり長い期間にあったことがわかる。図6-3である。

日本の輸出は二〇〇一年の五三兆円から二〇〇七年の九二兆円まで、すさまじい勢いで伸びている。しかしこの時期の円ドルレートは、一一〇円台の後半を中心線に上下動を繰り返している。とくに円安傾向が強かったわけではない。この輸出増の多くは、中国の成長のおかげであろう。この時期、中国への輸出が急増している。

さらに、二〇〇八年にリーマンショックが起きると、世界的な金融危機の中で安全資産としての円が大幅に買われて、超円高が進行し始める。二〇一一年には七九・八円まで行ったのである。この超円高の時期にも、さすがにリーマンショック後の世界的な需要収縮期には日本の輸出は大きく落ち込んだが、その後はすぐに落ち込みが止まっている。円高の影響を日本企業が懸命に跳ね返した、と理解すべきであろう。二〇〇〇年代前半の一一〇円台後半の円ドルレートからすれば、リーマンショック後の数年の円高は九〇円を割る、つまり二割から三割の急激な円高だったのである。

円安になれば海外製品が日本円表示では割高になるから日本の輸入は減る、円高は逆に輸入を増やす、というのがふつうのマクロ経済学の想定する為替レート効果である。しかし、図6-2を見ればわかるように、輸入は二〇一〇年までは円ドルレートの推移に関係なく輸出と同じようなパターンで変化してきた。二〇一一年からの電力危機関連の輸入増の時期だけが例外であるが。

マクロ経済学で需要の変動を説明する論理として通常使われるのは、価格効果と資産効果である。価格効果とは、金利や為替というおカネの値段、物価というモノの値段の効果のことで、価格が下がれば需要が増える、という論理である。資産効果とは、金融資産が増えれば消費が増える、実物資産（生産設備や住宅）が増えれば「もう必要度が小さくなった」と考えて実物資産への需要（つまり投資）が減る、という効果である。

こうした典型的なマクロ経済学の論理の中で、この二〇年間の日本の需要の変化を説明できる力が大きいのは、実物資産が増えるとそれへの投資需要を減らす傾向が生まれるという実物資産効果と、資源価格が急上昇すると輸入量が減るという価格効果（ただし、価格の増加が大きくて、金額としての輸入量は増えた）、この二つが主なものだったようである。それら以外はむしろ、マクロ経済学の常識通りに動かなかった日本経済、と言えそうである。

外的ショックへの対策としての政府支出

図6-2で民間消費とともに安定的に推移している政府支出については、どのようにその安定を説明できるのか。

一つの理由は、政府支出の中には社会福祉関連経費のように義務的支出として高齢化とともに増加傾向のある支出がかなりある、ということであろう。もう一つの理由は、外的ショックで経済が落ち込むことを防ぐために、財政出動という形で需要を経済に注入する必要がある、という理由である。つまり、この節の小見出しにしたように、外的ショックへの対策としての政府支出である。

一九九六年以降の日本は、多くの外的ショックに次々と襲われた。

九七年には、アジア通貨危機があり、同じ年に日本の金融システムの危機が顕在化した。山一證券、日本長期信用銀行、など大手金融機関が次々と経営破綻をした時期である。この時期は、もちろん景気の低迷でGDPも落ち込んで税収が減っていく。その中で、国債を発行して政府支出を一二三兆円前後で維持し続けたから、景気のさらなる落ち込みを防げた、という面がある。

そして二〇〇一年には、アメリカでのITバブルの破裂と九月一一日のアメリカ同時多発テロがあった。これも大きな外的ショックで、ここでも政府支出は一二一兆円規模で維持され続けている。国債の新規発行額も、九七年危機のときと同じような高い水準（三〇兆円強）であった。

こうして九〇年代後半から二〇〇〇年代初頭にかけて、投資が落ち込み、しかし輸出もまだ増えない時期に、政府支出だけが横ばいだったのである。それは、外的ショックへの対策としての政府支出であった。だが、国債発行によってその支出のかなりを賄ったわけで、当然の帰結として政府の金融負債残高は膨れ上がっていく。

そこで、さすがに財政の健全化への懸念が生まれ、国債の新規発行額を二〇〇五年から減らし始めた頃、二〇〇八年九月のリーマンショックというきわめて大きな外的ショックが日本経済を襲ってしまう。

図6-2のグラフの民間投資と輸出を見ればわかるように、その影響はきわめて甚大だった。二〇〇七年から二〇〇九年にかけて、民間投資も輸出も、二七兆円規模で減るのである。両方を合わせれば、ゆうに五〇兆円を超える落ち込みである。図6-1の日米のグラフを見ると、リーマンショックの震源地のアメリカよりも日本の落ち込みの方が大きく、かつ長い。政府は緊急対策をとり、国債の発行額はふたたび年間四〇兆円に迫る規模にまで膨れ上がらざるを得なかった。

さらに追い打ちをかけるように、日本経済は二〇一一年に東日本大震災という災害に遭遇することになる。そこからの復興のためには、国債の新規発行額を四〇兆円を超える規模にしてまでも政府支出を維持し続けざるを得なかった。

この二〇年間、一九九七年のアジア通貨危機・日本の金融システム危機から数えると、短いサイクルで次々と大型の危機に日本経済は見舞われた。日本の金融システム危機は日本の内的問題ではあったが、他の危機は海外での危機あるいは自然災害、という言わば外的ショックである。それへの対応が当面できるのは、政府の政策しかない。

政府支出は、そうした支出の増加が経済に需要を与え、不況になりそうな経済に対するカンフル注射となる、という論理で外的ショックにあえぐマクロ経済への対策となり得る。公共工事がその典型例である。そこでのカンフル剤の論理とは、政府の支出がその支出を受けて政府などに供給する側には収入となり、その収入の増加がその供給者からのさらなる支出（たとえば、生産を増やせば人件費が増える、投資をすれば設備需要が増える）を生み出し、その支出増という需要増加がさらなる支出の増加につながる、という循環が動き出す、という論理である。

この論理を「需要が供給を生み、その供給側から次の需要が生まれるように、連鎖的な効果がかけ算のように生まれ得る」という意味で「乗数効果」という言葉で説明されることがある。一億円の政府支出が、何億円もの需要増を年月の経過とともに生み出すことが期待されているのである。

「失われた二〇年」で失われたのは、マクロ経済のマネジメント

しかし、それにしても二〇一五年の政府の金融負債残高は一二五〇兆円。いずれ何らかの形の増税かインフレ効果（インフレが進行すれば、借金の返済額は名目値で変わらないのだから、実質的

に軽減されることになる）で対応するしかない規模の大きさの負債である。
その国債を買ったのは、直接的には銀行などの金融機関だったが、結局は金融機関にとっての国債保有という資産の原資は、彼らに金融資産を預けている家計のおカネである。つまり、日本の家計が急増する国債残高を支えている。

表5-1をもう一度見てほしい。二〇一五年の政府の金融負債残高一二四五兆円は、家計の金融資産残高一七〇六兆円によって支えられている。家計の負債を除いた純金融資産残高も一三一六兆円で、これだけで政府の金融負債残高をまかなえるだけの大きさである。

これが、巨額の国債残高にもかかわらず、日本の国債の安全度が高いと国際金融市場で思われているおもな理由である。日本国内で国債が保有されているために、仮に国債残高が経済的には大き過ぎると思われる水準になっても、すぐには資本が外国へ逃避して国債が投げ売りされるというような事態になる危険が小さいのである。新興国などでは、国内の金融資産残高が小さいために、国債発行などは外国の資本に依存することが多い。そうなると、いざというときに外国資本が逃げ出してしまう危険が大きい。

ただ日本では、これだけ巨額に家計の金融資産が積み上がりながら、民間消費は増えない。住宅投資も減少傾向である。つまり、家計はカネを貯め込んで、使わない。そして企業は、負債を返済して純金融負債残高が減り、したがって負債を増やして投資しても構わないような状況なのに、設備投資をむしろ減らしてきている。つまり、企業もカネを返済して、カネを使わなくなっている。

それとはまったく逆に、政府は金融負債残高が次々と積み上がっていくのに、支出を節約する動きを見せない。緊急経済対策の連続とはいえ、政府支出は横ばいのままである。

常識的に考えれば、カネの出費に関して経済規律が高く、ケチ精神が強いのは、家計と企業、つまり民間であろう。その民間が、二〇年間ほぼ一貫して資産が増えたり負債が減ったりしてカネを使ってもいい状況になっているのに、消費（家計）や投資（企業）という形でカネを使おうとしない。逆に、経済規律がもっともゆるいと思われる政府が、負債が積み上がっているのに相変わらず支出を続けている。

つまり、カネを使わない家計、カネを使わない企業、という風に民間はみんな節約ムードになっているのに、政府はカネを使い続けている。そうした奇妙な状況に、日本経済は動いてきてしまった。

政府がカネを使い続けているのは、たしかにマクロ経済政策のためである。政府にはムダも沢山あるであろうが、しかしマクロ経済政策は言わばマクロ経済のマネジメントをするための政府の道具である。そのマネジメントの道具が、日本ではうまく機能しない状況が続いてきた、と言うべきであろう。

私の専門は経営学だが、大きな企業のマネジメントもじつは大変難しい。最後には現場が望ましい方向へと動いてもらうように仕向けることが経営の政策なのだが、多数の人間の組織でそれを実現するのは簡単ではない。企業のトップは現場の人々への人事権のような権力装置をもっているはずなのに、それでも難しい。

マクロ経済のマネジメントはもっと難しい。政府には、経済を構成する主体である家計や企業に対して、権力装置をもっていないからである。しかも、家計は五二〇〇万世帯を超え、企業数も一七〇万を上回る。政府は企業や家計の行動に影響を与えるような政策を取る余地は多少あっても、指示命令で企業や家計を動かすことはできない。指示命令の権力装置が整った企業ですら、現場はトップの思うようには動いてくれない。その権力装置がきわめて小さいマクロ経済で、かつ経済主体の数が超多数なのだから、経済のマクロマネジメントがきわめて難しくなるのは当然である。

その上、マクロ経済では第1章でも述べたように、一つの政策変数の変化（たとえば金利の変化）、あるいは一つの外的パラメータの変化（為替レートや原油価格の変化）から、じつに多様な論理経路が動き始める。それも、極端に言えば、一七〇万の企業と五二〇〇万の家計世帯のそれぞれに多種多様な論理経路が動き始める。そうした多種多様な論理経路が極端に数の多い経済主体に働きかけたさまざまなインパクトの最終集計結果が、民間消費、民間投資、といったGDPの構成変数に出てくる。多種多様な論理経路の中には、互いに反対の動きをするものもあり、集計結果としては驚くべきほどの「最終インパクトのなさ」ということにもなり得るのである。

しかし、もっと能動的なマクロ経済政策が可能であった時代や国もある。とくに、国全体に心理的なエネルギーが満ちているとき、あるいは経済のボトルネックが明らかな状況では、民間の動きを誘導する政策も含めて、さまざまなマクロ経済政策がじつは可能である。戦後の日本の高度成長期がそうであったし、中国のこの二〇年間がやはりそうだったのだろう。

だが、現在の日本ではそうしたマクロ経済のマネジメントがきわめて難しい状況になっているようだ。バブル崩壊後の日本の一〇年間を「失われた一〇年」と表現したが、それが今やもう「失われた二〇年」になっている。その二〇年間、本当に失われたのはマクロ経済のマネジメントだった。少なくとも、伝統的な財政政策も金融政策も機能しないような二〇年間だったのである。

だからこそ、二〇一三年以降のアベノミクスという名の大胆な経済政策、たとえば黒田日銀の「異次元の金融緩和」政策のような極端とも思えるような経済政策をとらざるを得なくなっているのだろう。それは、この二〇年間の経済政策が、Too Little, Too Late だったことへの反省を活かし、失われたマクロ経済のマネジメントを何とか取り戻そうという努力の結果であったと解釈すべきだろう。

その流れの中でしばしば出てくるキーワードは、構造改革である。しかし、この言葉には注意した方がいい。構造改革策を出せと政治家に尻をたたかれてきたある経済高級官僚経験者から、こんな述懐を聞いたことがある。

「具体的政策を何も思いつかなくなったとき、構造改革というマジックワードを使う」

成長しなくなって久しい日本経済、カネがあるのに人々がカネを使わなくなってしまった日本経済において、問題の深層にまで届くような構造改革ならば、効果はあるかもしれない。だが、本当に構造改革が効くのは、さまざまな構造改革策が一体となって「合わせ技」として機能し、しかもそれが「時代の精神」に適合した場合だけであることをわれわれは認識すべきだろう。

第7章

なにが経済成長を可能にするのか

資源投入、基礎構造、国際環境で経済成長を理解する

マクロ経済のマネジメントの道具がうまく効かなくなってしまって、低成長すら安定的にできなくなった日本。それが前章で描いた近年の日本経済の姿だった。しかし、日本は世界が驚くほどの高度成長期を経験した国でもある。同じ日本なのに、何がこうした違いを生むのか。さらに言えば、そもそも経済成長は何が可能にしているのか。この章ではそれを理解するための基本的な枠組みを考えてみよう。

まず、経済成長を可能にする第一の、もっとも直接的な要因は、経済活動の本源的インプッ

トである資本と労働という二つの資源の投入である。この資源投入を大きくできれば、生産規模も拡大でき、経済はより大きく成長する。この点については、この節の後半でさらにくわしく解説しよう。

資源投入はしかし、それがうまく活かされるかどうかで、経済成長に対するインパクトは変わってくる。経済成長は、巨大な数の人々の経済行動の集積の結果として実現される。こうした超多数の経済主体の行動を刺激したり円滑に進ませるために重要な役割を果たす、マクロ経済の基礎構造とでも呼ぶべき要因がある。それが、経済成長を理解する基本枠組みの第二の要因である。技術的ポテンシャル、行政システム、国民の心理的エネルギーという三つの基礎構造要因が私は重要だと思うが、それについては第四節で解説する。

そして、ある国の経済成長に影響を与える第三の基本的要因は、国際環境である。どこの国の経済も、世界の環境の中で生きているのだから、当然に国際環境の影響を受けるのである。たとえば、世界の軍事構造やそれをもとにしたその国の安全保障体制ゆえの国防費負担の大きさ。この負担が小さければ、経済活動に回せる投入資源量を増やせる。あるいは、国際的な資源構造から決まってくる資源価格や国際的な金融秩序を反映する為替レート。日本の輸入や輸出に大きな影響を与える価格要因で、これも経済成長を左右しそうだ。こうした日本経済の国際環境の歴史的推移については、第三節で解説しよう。

では、資源投入とマクロ経済の成長の関係について。

投入資源の観点からマクロ経済の成長を説明する論理は、二つに大別できる。一つは、投入資源の拡大・成長がアウトプットとしてのＧＤＰの成長につながる、という論理。簡単に言えば、投入資源を大きくできれば、経済の規模は拡大できる、という論理である。もう一つの論理は、同じ投入資源の投入量でもそれがアウトプットを生み出すときの（つまり生産や流通の過程での）変換効率を何らかの努力で高くすることができれば、アウトプットはより大きな規模になり、つまりは成長が可能になるという論理である。平たく言えば、生産性の向上である。

投入資源の拡大には、量的拡大と質的向上の両方があっていいだろう。

量的拡大とは、資本設備の投入量を大きくすることや労働力の投入規模を大きくすることである。もっとも、マクロレベルで労働力の投入規模を拡大するのはそれほど簡単ではないので（国の人口規模に制約されるから）、量的拡大の手段としては資本設備の拡大がふつうの手段である。また、少子・高齢化が日本の成長に暗雲を投げかけているのは、労働資源の量的拡大どころか縮小が起きることが、人口減少による国内需要の縮小とともに大問題だからである。

投入の質の向上の典型的手段は、たとえば労働資源の質を高めるための教育の充実である。教育水準の高い人間なら教育水準の低い人間よりも多くのアウトプットを生み出すことができそうだ。投入の量的規模を拡大したのと同じ効果が得られるのである。

したがって、投入資源の拡大によって経済成長を促進しようとするときの主な手段は、資本設備への投資と教育投資、ということになる。

第二の論理であるインプットからアウトプットへの変換効率の向上による経済成長という論理にも、二つのパターンがある。一つは、技術進歩によって個々の経済主体の変換効率が上がる、というパターンである。同じ量の鉄鉱石からより少ないエネルギーでより多くの鉄鋼を生産できるようにするための効率的な生産設備の導入、などの技術進歩などをイメージすればいい。

もう一つの変換効率の向上のパターンは、さまざまなインフラの整備を主に政府が行なうことにより、個々の経済主体（企業など）をつなぐ経済システム全体の効率が上がるというパターンである。つまり、インフラ整備が国全体のインプット・アウトプット変換効率を上げるということである。たとえば、鉄道網や道路網などのインフラが整備されることによって、物資の輸送や人の移動にかかる時間の節約ができるというのが、典型的なイメージである。

資本設備の量的拡大とインプットからの変換効率の向上のための技術進歩、そのいずれも企業による投資（設備投資と研究開発投資）が中心的役割を果たすものである。教育の量的質的拡大やインフラの整備のためには、政府支出が中心的役割を担うことになるだろう。

戦後の成長を振り返る

前節で議論した資源投入と経済成長の関係の論理は、時代の変化にかかわらず通用する論理である。しかし、マクロ経済の基礎構造と国際環境という他の二つの基本要因は、歴史の流れの中で時代の変化とともに要因自体の内容が変化しやすいものも多いし、それが経済成長に与えるインパクトの論理も時代の変化で変わるかもしれない。

図7-1　実質GDP成長率

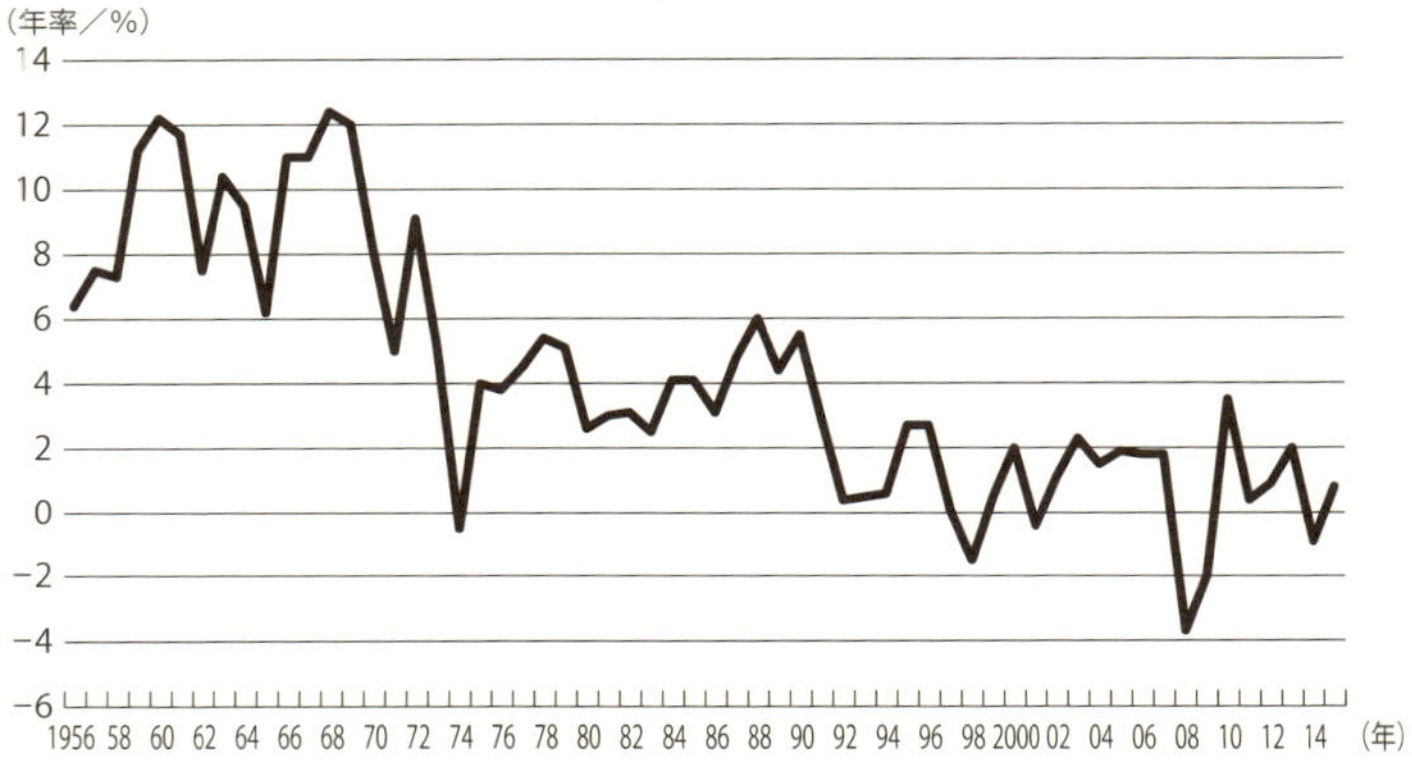

（出所）内閣府GDP統計

　こうした国際環境の変化やマクロ経済の基礎構造が経済成長に与えるインパクトを考えるための絶好の材料が、日本にはある。戦後の日本の経済成長の歴史である。前章まではこの二〇年間の日本経済の動きを見てきたのだが、ここでは歴史の射程をもっと長くして一九五六年から二〇一五年までの六〇年間、日本経済がどのような成長の経路をたどってきたかを振り返ってみよう。

　図7－1は日本の実質GDPの年間成長率の六〇年間のグラフである。

　このグラフには、戦後の日本経済の三つの転換点が、「成長率の大きな転落」という形で見事に刻まれている。

　第一の転換点は、一九七三年のオイルショックによる高度成長の終焉である。それが、一九七四年のマイナス成長への急転落という形でグラフに出ている。一九七二年から七四年までの二年間で、成長率は九・一％からマイナス〇・五％へと、じつに九・

六％も落ち込んだ。石油という資源に依存していたエネルギー多消費型の日本の産業構造が原油価格の高騰に撃たれて、高度成長が終焉し、安定成長の時代に移った。

第二の転換点は、一九九一年のバブルの崩壊とともに起きた、安定成長の終焉と低位安定経済への突入である。その転換がこのグラフでは、一九九〇年の五・五％成長から九二年の〇・四％成長への急落（五・一％の急落）という形で刻まれている。ただし、この転換点での象徴的出来事としては、国内のバブル崩壊だけをあげるのは不適切であろう。この九一年という年は、ソ連の崩壊の年でもあり、冷戦構造という戦後の国際秩序の崩壊という大変動の年でもあったからである。

第三の転換点は、二〇〇八年のリーマンショックである。それは、一九九八年（消費税増税の翌年）のマイナス一・五％成長をのぞけば二％弱程度の成長力はあるかに見えていた日本経済が、低位安定すらおぼつかないきわめて不安定な時代へ入ったという転換であった。日本の成長率は二〇〇七年の一・八％から二〇〇八年のマイナス三・七％、二〇〇九年もマイナス二％と、ここでも大きく落ち込んだのである。落ち込み幅としては五・五％の大きさで、しかも二年続きのマイナス成長は日本経済が戦後一度も経験しなかった出来事であった。

三つの転換点の間の間隔はおよそ一七年から一八年で、同じような長さである。つまり、それぞれの転換点まで戦後の日本経済は三つの時代をサイクルのように経験してきたことになる。オイルショックまでの一七年間が高度成長の時代、バブルと冷戦崩壊までの次の一八年間が安定成長の時代、さらにリーマンショックまでの一七年間が低位安定の時代、という三つの時代である。それぞれの時代の平均成長率は、高度成長時代が九・一%、安定成長時代が三・八%、低位安定時代が〇・八%であった。

しかし、二〇〇八年のリーマンショックからの時代は、低位でしかも不安定の時代となってしまったようだ。実際、この時代は二〇〇九年からまだ七年しかたっていないが、その平均成長率は〇・七%で、その前の低位安定の時代とあまり変わらないのだが、マイナス成長が七年間に二回もあり、また三・五%というかなりのプラス成長をできた年もあった(二〇一〇年)。つまり、低位にしては振幅も大きいのである。だから「低位不安定の時代が来た」というべきであろう。

リーマンショックの次の転換点がこれまでと同じように一七年あるいは一八年程度のサイクルでくるとすれば、その転換点の年は二〇二五年か二六年。低位不安定の時代を終焉させるその転換点は、何になるのであろうか。

成長の変化をもたらした国際環境の変動

高度成長、安定成長、低位安定、低位不安定と、それぞれの時代のキーワードを並べてみると、その時代背景には世界の国際秩序の変貌と変動があると思われる。それを、世界的な国際政治の構造と国際的な価格(為替と原油価格)の動き、という二つの側面から考えてみよう。

図7-2が、円ドルレートと原油価格の六〇年間のグラフである。

図7-2 為替と原油価格

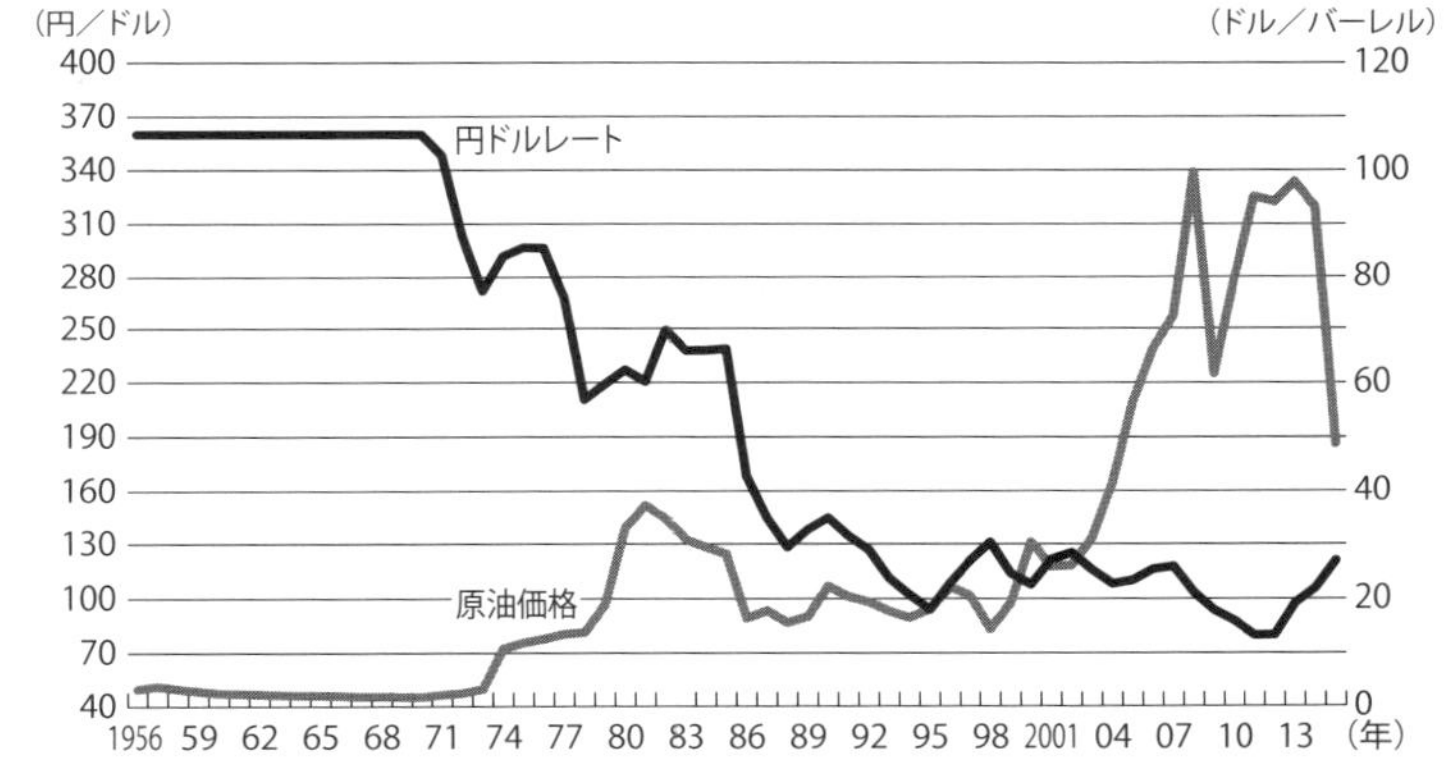

（出所）日銀通貨統計、IMF商品価格統計

高度成長の時代は、国際秩序としては安定の時代であった。政治的国際秩序としては、戦後の冷戦構造が保たれていた。国際価格の面では原油価格は一バーレル二ドル前後で長期的に安定し、為替もまた固定相場制で一ドル三六〇円で安定していた（変動相場への移行は一九七三年）時代であった。この時代の終焉は、一九七三年の中東戦争後に原油価格がそれまでの四倍近くに跳ね上がったことがもたらした。

安定成長の時代は、原油価格が一気に上昇し、また為替も大きく変動した時代であった。為替レートは一ドル二九〇円台から一三〇円前後へと六割以上切り上がる、という極端な円高の時代だった。原油価格は、一九七九年の第二次オイルショックでさらに上昇傾向となり、一バーレル三〇ドルを超えた時期もありながら、八〇年代後半には二〇ドル弱のレベルに落ち着くという、変動の大きかった時代である。

その意味では、日本の安定成長の時代はじつは国際価格としては激動の時代であった。しかし、国際的な政治秩序は相変わらず米ソの冷戦構造がまだ保たれていた。政治的にはまだ大混乱の時代ではなかった。

だが、共産主義の揺らぎと冷戦構造の終焉の兆候は出始めていた。一九八九年には、九月にポーランドで共産主義国では初の非共産党政権が誕生し、一一月にはドイツでベルリンの壁が崩壊する。さらに九〇年には東西ドイツが統一した。

そうした国際的背景の中で、一九九一年年初の東京証券市場の株価大暴落をきっかけに日本のバブルが崩壊した。そして同じ九一年一二月にはソ連が崩壊した。九一年は、国内ではバブルの崩壊、国際的には共産主義と冷戦構造の崩壊という、国内外での激震の年だったのである。そのダブル激震が、日本の安定成長の時代を終焉させた。

低位安定の時代に入ると、為替レートは一一〇円台から一二〇円台でかなり安定していたが、原油価格は一九九一年の一バーレル二〇・四ドルから二〇〇八年の九九・六ドル（ほぼ一〇〇ドル）まで、急上昇した時代だった。つまり、この時代は為替は安定していたが、原油価格の高騰の時代だったのである。高度成長の時代と比較すれば、じつに五〇倍近い値上がりである。これでは、石油という経済の大動脈となる基礎資源を輸入に頼らざるを得ない日本の成長がおぼつかなくなるのは、当然でもあろう。

しかも、国際政治の世界でも、不透明な模索の時代となった。つまり、一九九一年のソ連の崩壊でアメリカが資本主義の勝利を宣言して、アメリカ一国支配とグローバリゼーションの時代へと世界は動き出したかに見えたのだが、その動きに対してはすぐに二〇〇一年のアメリカ同時多発テロがあり、世界はテロとの戦いという時代に入った。

その一方で、二〇〇〇年代に入ると、アメリカが長期間にわたって世界中にばらまいたドルのホットマネーの累積（これはアメリカの経常赤字の累積の裏返しである）を背景に、とくに同時多発テロ以降のアメリカ経済立て直しのための積極的な金融緩和政策もあって、アメリカの金融資本主義が世界を席巻し始めた。

その象徴とも言うべきものが原油市場の投機市場化で、原油価格は二〇〇八年に一バーレル一〇〇ドルにまでなったのである。図7‐2からも、いかに二〇〇五年あたりからの原油価格の上昇が激しかったかよくわかる。

もちろん、アメリカの足元でも、サブプライムローンへのバブルが発生していた。原油バブルと住宅ローンバブル、この二つの投機バブルが破裂したのが、二〇〇八年のリーマンショックであった。こうして日本の低位安定時代に終止符が打たれ、日本は低位でかつ不安定という時代に入った。

リーマンショック後の世界では、アメリカの地位もゆらぎ、しかしアメリカに変わり得る国際秩序の維持役も明確ではない。リーマンショック後の国際政治秩序は、世界多極時代というきわめて不安定な時代となったのである。そしてついに二〇一六年六月にはイギリスの国民投票がEU離脱を選択する。それはグローバリゼーションの流れを不透明にし、またEUの安定性にも疑問符をつけた。ますます不安定性の大きな時代に入っている。

その不安定さは、為替と原油価格の振幅の大きさにも表れている。低位不安定の時代はまだ八年間しか経っていないが、その短い間に為替レートは二〇〇八年の一ドル一〇三・四円から二〇一一年の七九・八円まで円高に振れ、その後は二〇一五年には一二一円の円安となるという、振幅の大きさを見せている。原油価格も、リーマンショック後は一時六〇ドル近辺まで急落した後ふたたび上昇をし、その後は一バーレル九〇ドル台の年が二〇一四年まで続いた後に、二〇一五年には五〇ドルを切るところまで急落する、という極端な振幅の大きさである。

つまり、日本の低位不安定の時代は、国際政治の分野でも不透明の時代、国際価格（為替と原油価格）の分野でも振幅が大きい、というダブル不安定の時代なのである。

こうして一九五六年からの六〇年の歴史を振り返ってみると、高度成長時代の日本は国際的な安定性（政治秩序も国際価格も）の受益者として、国内の高度成長に邁進できる時代だったことがわかる。為替が円安で安定し、原油価格も低位で安定していた。国際政治も混乱は少なく、日本は冷戦構造の狭間でかなり自由に動けた。日本は言わば、安定の受益者であった。

もちろん、どこの国も等しくこうした国際価格や国際政治の安定のメリットを受けている。その最大のものは、企業も家計も政府も将来への発展計画を立てやすくなることであろう。日本はそうしたメリットに加えて、冷戦構造の狭間で軍事予算を大量に使う必要がなく、アメリカとソ連の間をつなぐようにかなり自由に動けた。先に日本を「安定の受益者」と表したのは、このような意味によるものである。

安定成長の時代以降の国際価格の長期的傾向は、円高と原油高であった。それは、日本の成長にマイナスの効果をもたらすものである。円高になれば輸出の競争力は弱くなる。また、原油高はエネルギー価格の上昇につながり、それは民間消費や投資のマイナス要因になり、輸入の増加につながる。

それにもかかわらず、安定成長の時代には安定的な成長を日本は実現した。それは円高と原油高を「乗り越えて」の成長と表現すべきものだろう。「乗り越え」られた理由は、高度成長時代の蓄積の大きさであろうし、そのころの成長の心理的エネルギーの残照であろう。

しかし、「乗り越えて」という無理が効かなくなったのが、低位安定の時代であり、低位不安定の時代だと思われる。とくにリーマンショック後の低位不安定の時代になると、国際価格の巨大な変動に翻弄される日本経済、という姿になってきたと言えそうだ。

マクロ経済の基礎構造が、成長を左右する

マクロ経済の基礎構造という成長を理解する第二の基本要因としては、技術的ポテンシャル、行政システム、国民の心理的エネルギーが重要であろう。

技術的ポテンシャルとは、生産性向上に使える技術的手段のポテンシャルである。そのポテンシャルには、製品技術や生産技術を支える科学技術だけでなく、経営革新のための技術も含まれる。たとえば、最近のＩＴはまさに経営革新のための技術である。

一つの国を取り巻くこの技術的ポテンシャルが大きければ、当然にそれを利用して生産性は向上しやすくなり、経済成長にプラスとなる。また、ポテンシャルがあること自体が投資への

刺激になる。効率向上の機会があるとわかるからである。

　この技術的ポテンシャルの大きさを決めるのは、国内での研究開発投資などの蓄積の大きさであり、海外からは技術導入の可能性の大きさである。高度成長時代の日本は、こうした海外からの技術導入の機会が豊かにあったことで、技術的ポテンシャルのかなりの部分を確保したと思われる。

　第二の基礎構造要因は、行政システムの効率である。目立たないかもしれないが、国全体の経済効率のかなりの部分を行政の効率性が左右していると考えた方がいい。だから、行政システムの効率が高くなれば、成長の可能性がより大きくなる。

　行政システムの効率は、少なくとも三つの論理経路で国全体の経済効率を左右する。一つは、行政システムが企業行動のインフラとして機能して、同じ企業行動を企業がすばやく適切なタイミングと量で行なえるかどうかを左右する。行政による規制が邪魔して企業行動がしばしばられるのは、しばしばあることである。あるいは、汚職や腐敗の多い行政システムになってしまうと、民間や政府が投入した資源が闇に消えてしまうことすらある。

　行政システムと経済成長をつなぐ第二の論理経路は、行政システムのよし悪しが、行政が作り上げるさまざまな経済社会インフラ（たとえば交通網、通信網）の合理性を左右する、ということである。効率の悪い行政システムは不十分な経済社会インフラしか生み出さないだろう。そして、第三の論理経路は、非効率な行政システムはそれだけ行政の運営そのものに資源を消費してしまう、という経路である。行政に使われる分だけ、民間の経済活動にまわせる資源量が減って、経済成長にはマイナスとなる。

こうした行政システムの非合理性の巨大な例が、旧共産主義国の国営企業と計画経済の仕組みである。私自身、一九八〇年代の終わりから九〇年代の初めにかけて、共産主義から市場経済の国へと移行しつつあったポーランドをたびたび訪ねたが、その際、行政システムの効率の悪さが人々の経済活動への努力をムダ遣いし、そしてムダになるとわかっているが故に人々が経済活動の活発化に努力しなくなる実態を見た。そして、市場経済への移行の初期の混乱が終わるとすぐに、行政システムが整備され始めたポーランドは成長を始めたのである。

同じように、最近の中国経済の発展も（少なくともその初期の時代は）、行政システムの効率がよくなったことが大きな原因だと思われる。国内の仕組みの合理化、国内のムダの排除だけでも経済は成長できる、といういい例であろう。

明治維新後の日本も、全国的な行政システムが幕藩体制による分断化という行政の非効率を乗り越えたことによって達成できた面がある。ただ、現在の日本の場合、たとえば細かな行政の仕組みが行き渡り過ぎて、過剰規制になっている危険がある。だから、成長戦略の重要部分として構造改革、規制の改革が叫ばれるのであろう。

マクロ経済の基礎構造要因の最後で最大のものと私が思うのは、国民の心理的エネルギーの水準である。たとえば、消費をしようとするにもじつは心理的エネルギーがいる。欲望の水準が低くなれば、消費しなくなるというのがその例である。だが、投資のための心理的エネルギーの方が、経済成長にとってはより大切だろう。

投資というのは、不確実な未来の成果を得ようとして、資源をただちにコミット、投入してしまう、という行為である。その不確実性をあえて引き受けようとする挑戦には、合理性だけでは割り切れないジャンプを最後にする部分がある。その決断には、心理的エネルギーが必要なのである。第20章でよりくわしく説明するが、ケインズがアニマルスピリッツ（動物的精神）と呼んだものである。

日本の高度成長時代を切り開いた政策は、一九六〇年に発表された池田内閣の所得倍増計画だが、この政策立案の中心人物だった下村治が最初に所得倍増政策について書いた論文の書き出しは、次のようになっている。

「日本経済は、いまや歴史的勃興期にある。国民の創造的能力の解放が、このような歴史的高揚の原動力である」（「成長政策の基本問題」『金融財政事情』一九六〇年一一月七日号）

下村は、国民の創造的能力を信じ、またその能力を解放したいという心理的エネルギーを当時の日本国民が大量にもっていることを信じた。だから、経済論理とデータで埋め尽くされているこの論稿を、下村は国民の能力の解放についての文章で始めた。そのことの意味を、われわれは深く考えるべきであろう。

成長しなくなってしまった今の日本の最大の問題は、国民の心理的エネルギー水準の低迷なのであろう。その心理的低迷が何によってもたらされたか。そこから抜け出すためにどのような道があるのか。それを、経済の深刻な問題として考える必要がありそうだ。

第8章

カネと負債という魔物が経済をゆるがす

なぜ、バブルが発生するのか

私は前章の最後で、マクロ経済の基礎構造としての心理的エネルギーの大切さを強調した。しかし、経済は経済そのものの力学、すなわちカネの力学で動くという側面がもちろん大きい。カネは経済の血液、とよく言われる。その健全な循環が、経済の成長にも不可欠である。しかし、循環がときおり「過度」になり、結果として経済活動全体が不調になる、ということもある。それが典型的に表れるのが、バブルの発生とその崩壊、そしてその後遺症の行方である。

「バブルはなぜ繰り返されるのか、なぜ予測できないのか」と東京理科大学の社会人学生に聞かれたことがある。「そんなバカなことをなぜ繰り返す」と言うのである。

私の文学的な答えは、「カネや負債が悪魔に変わる瞬間があるから」である。悪魔に変わる瞬間とは、カネや負債が過剰になってしまう瞬間のことである。経済の循環に必要なカネや負債が過剰になるときとは、人間の身体にたとえれば高血圧になるようなものである。その過剰を正そうとしたとき、降圧剤を飲んだとき、過剰によって生まれていたバブルが破裂する。

残念なのは、人間が高血圧に気がつかないのと同じように、バブルも気づきにくい。カネや負債が過剰になっていることと循環が好調なこととの区別がつきにくいから、ついつい過剰になってしまうことが、ときにあるのである。

私は、第5章でこう書いた。

「『返せると思って借りたおカネで不動産投資をした。それが返済できなくなった』というのが、日本の一九八〇年代のバブルでもアメリカの二〇〇〇年代のバブルでも、共通した特徴なのである」

返済できなくなる理由は、多くの人が不動産投資をすることで不動産価格が暴騰し、のちにその価格が急落することにある。その価格下落は、その不動産を担保として借金をしていた人たちの担保価値を下落させ、融資金額との間に「担保不足」を生じさせる。その不足を埋めるべく銀行は返済を迫るが、もともと返済できる資金などないのに不動産担保だけで融資を受けていた人が多いから、返済できなくなるのである。

しかしそもそも、なぜ常識的にはリスクが高そうな融資が増えてしまうのか。それは、経済全体がカネ余り状態になっていて、銀行などの貸したい動機がことさらに強くなっているからである。言いかえれば、カネが自らの出口を見つけようと動き回って貸付先を探しているところに、格好の材料が出てきたのである。

日本のバブルの場合には土地を始めとする不動産担保貸付、アメリカのバブルの場合には、サブプライムローンと呼ばれる低所得者層向けの住宅担保貸付がバブルのきっかけとなった負債増である。サブプライムとは、平たく言えばふつうなら銀行が貸さないような低所得者層向け住宅ローンということである。

では、なぜ経済がカネ余りの状態になってしまっていたか。その基本的理由も日米とも同じである。そのときの金融市場が政府の政策で超金融緩和状態になっていて、過剰流動性（つまりカネ余り）の状態になっていたからである。

さらに、超金融緩和状態が生まれた理由も、日米ともに同じである。経済をゆるがす外的ショックに対しての金融政策として、金融緩和状態を政府が作ったのである。ただ、その緩和が後で振り返れば「行き過ぎ」だった。

日本のバブルの場合、金融緩和政策をとらせた外的ショックは、一九八五年九月のプラザ合意に端を発する超円高である。図7-2のグラフを見ればわかるように、一九八五年には一ドル二四〇円弱だった円ドルレートが、八六年には一六〇円台へと四割近く切り上がっている。

アメリカのバブルの場合、金融緩和政策を取らせた外的ショックは、二〇〇一年九月のアメリカ同時多発テロである。それに、アメリカはこの同じ年にITバブルの崩壊にも見舞われており、ダブルショックの経済へのマイナスインパクトにより、まさに緊急事態だった。

こうした緊急対策としての金融緩和開始から五年程度の後に、日米ともに中央銀行が極端な貸付増加を抑制する強力な措置を取り始める。不動産バブル、住宅バブルが発生していると中央銀行が認識したからである。日本では一九九〇年に日銀が不動産担保融資の総額規制を始めた。もうその種の融資を増やさせない、という強い政策である。アメリカでも二〇〇五年に類似の住宅ローン規制が始まった。

こうした融資規制が、皮肉なことに投機価格崩壊のきっかけとなった。みんなが「もう青天井の価格上昇はない」と思ったことで、投機資金の流入は終わり、それをきっかけに不動産価格が下落を始めた。

流動性の罠――バブル崩壊の後遺症

こうして日米ともに、歴史的に一六年の時間の間隔はあるものの、同じようにバブルの発生とその崩壊を経験した。

しかも、すでに金融緩和状態が続いていたときにバブルが崩壊したのだから、その結果として経済は大不況になる危険があった。その危険に対応するための経済政策として金融緩和を続けるか、さらに拡大するしかない。もちろん、マクロ経済政策として政府支出を増やすという政策もとるのだが、同時に金融緩和は維持あるいは拡大することが望ましいという判断だったのであろう。

金融緩和が続いていた状況でのさらなる金融緩和だから、金利は下がり続ける。しかし、金利は直接的にはゼロ以下にはできない。だから、ゼロ金利に近づくと金融政策はその有効性をかなりなくしてしまうことになる。

つまり、もう金利を下げても、人々が負債を増やして投資を増やす、というような効果は期待できなくなるような状況に立ち至るのである。こうした状態を、経済学では「流動性の罠」と呼ぶ。流動性とは、経済全体でのカネの量という意味で、それを大きくしてももはや意味がないため「罠」というのである。

そもそも流動性の罠とは、ケインズが一九二九年の世界大不況の後に金利をいくら下げても投資活動が活発化しない状況を表現した言葉だが、一九二九年の世界大不況もアメリカの株式市場でのバブル崩壊をきっかけに始まったものだった。だから、バブルの発生と崩壊が流動性の罠にマクロ経済がはまり込む状況の先駆け条件なのであろう。

逆に言えば、流動性の罠はバブル崩壊の後遺症として発生し、時期は違うが日米ともにその罠に落ちてしまったようだ。ただ、日本はアメリカよりも十数年以上長く流動性の罠にはまって、金融政策が機能しない状態が続いてきたことになる。名誉な話ではないが、日本は流動性の罠についてはアメリカよりもかなり先輩なのである。

日本ではその上、デフレがバブル崩壊後は続いていた。ゼロ金利に近い状況でデフレが続けば、投資家が採算計算の目安とする実質金利はじつはかなり高いということになって、金利が投資への刺激にはならなくなってしまう。

実質金利とは、名目金利（物価を考慮しない通常の金利）から期待インフレ率を引いた数値である。

実質金利＝名目金利－期待インフレ率

投資家としては、負債に対する名目金利を支払うだけが現在おカネを借りて投資することのコストではない。そのおカネを将来返済するときにもしインフレになっていれば、おカネの返済は額面という名目値で行なえばいいのだから、将来の返済額はじつはその時の貨幣価値ではインフレ分だけ安くなっている。その分だけ返済の実質的負担は減る、と考えるのである。デフレが続いているときは、それと逆で期待インフレ率がマイナスということだから、実質金利を計算するときには名目金利からマイナスの期待インフレ率を引き算することになる。だから、仮に名目金利がゼロに近くても、実質金利はデフレ率（つまりマイナスの期待インフレ率）分だけ高くなるのである。こうして日本の実質金利はデフレの分だけ高かったために投資を抑制する方向に機能してきたというのが、バブル崩壊の日本の姿だった。

では、日本の実質金利を下げて投資を刺激する政策は、流動性の罠にはまるともうとれないのか。少なくとも一つは手段がある。それは、日本の期待インフレ率を高くすることである。中央銀行が人々のインフレ期待を高く誘導できれば、実質金利はじつはマイナスにすらできる可能性がある。名目金利が仮に二%だとすると、三%のデフレ期待が続けば実質金利は五%となり、逆に三%のインフレ期待に誘導できると実質金利はマイナス一%となる。これなら、投資を刺激できる可能性が生まれる。

こうして、流動性の罠にはまった経済には、期待インフレ率のターゲットを中央銀行が公表し、そのターゲットが実現できるようにマネーサプライの量的緩和を徹底的に行なうという政策が唯一の有効な政策である可能性が高くなるのである。これを、インフレ率にターゲットを設けるという意味で、「インフレターゲット政策」という。

二〇一三年から始まったアベノミクスの一本目の矢として、黒田日銀総裁が「異次元の量的金融緩和政策」と呼んで始めたのは、まさにこのインフレターゲット政策なのである。インフレへの警戒をするのが物価の番人であるはずの中央銀行の役割という伝統的観念にかなり反する政策で、だから黒田総裁以前の日銀はこうした量的緩和政策をとらなかった。

こうして日本の実質金利をマイナスに誘導するような政策を日銀がとると、為替レートには直接的に円安効果が生まれる。なぜなら、日本の円を保有して実質マイナス金利になってしまうより、アメリカのドルを保有して実質プラスの金利をもらえる方がいいと投資家たちが思うからである。この金利効果によって、日本の円を売ってアメリカのドルを買う動きが為替市場で生まれ、だから売られる円は安くなる。

実際、図6-3でわかるように、黒田日銀の異次元緩和政策が実行され始めた二〇一三年から、大きく円安となり、輸出も20兆円弱増えている。ただ、同じ時期に原油価格が大きく下落した影響もあって（図7-2）、日本のインフレ率はそれほどは高くはなっていないが。

おカネとは、じつに怖いものである。カネ余りが行き過ぎると、それは暴力装置となってバブルの嵐を引き起こす。そのバブルが破裂すると、今度は流動性の罠が待ち構えている。その罠から抜け出すためには、マネーサプライを常識的な想定をはるかに超えたレベル（つまり異次元）に増やす必要があるようだ。それが作り出すカネ余りが暴力装置として作動する危険がありながら、である。虎穴に入らずんば虎子をえず、ということか。

リーマンショックに最も激しく撃たれたのは、日本

リーマンショックは、アメリカ国内の住宅ローンバブルの破裂が原因で、最後にはリーマン・ブラザーズという当時世界第四位のアメリカの投資銀行が破綻することで世界的な金融危機になった事件である。リーマン・ブラザーズの破綻は、二〇〇八年九月のことだった。

住宅ローンなのに投資銀行にまで累が及んだのは、三つの点で投資銀行がからんでいたからである。第一にサブプライムローンを証券化すること（つまりローンのリスクを転売できる金融商品に仕立て上げること）、第二にそれを組み込んだハイテク金融商品をさらに作り上げてサブプライムというリスクを見えにくくすること、第三にそうしたハイテク金融商品を国際金融市場で売り込むこと。

こうしたハイテク金融商品を買ったのはおもにヨーロッパの銀行で、だからサブプライムロー

図8−1　日本の鉱工業生産指数

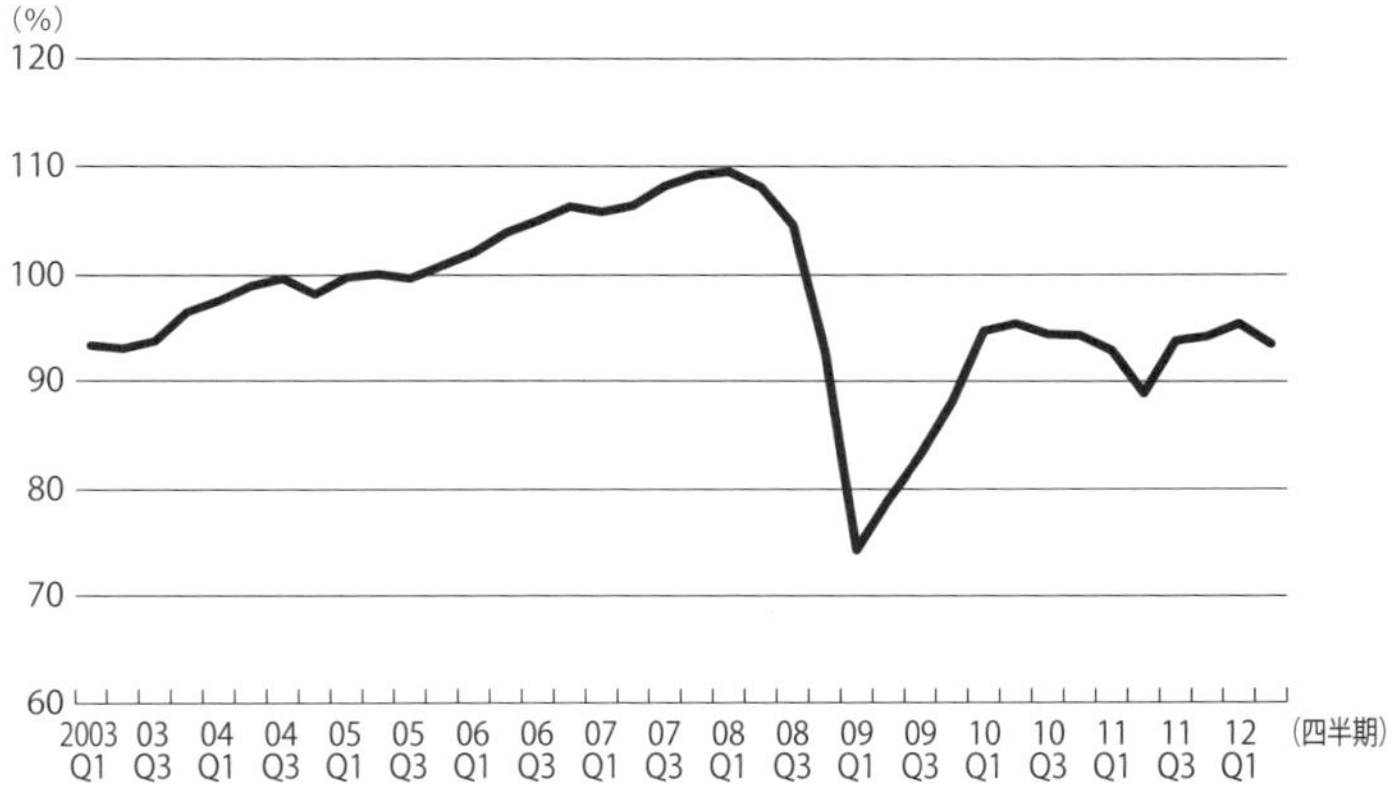

（注）縦軸は2005年を100とした場合の比率
（出所）経済産業省統計

ンバブルが破綻するとヨーロッパにまで影響が及んだ。日本の銀行はこうしたハイテク商品に対して保守的で（みずから国内バブルの崩壊の経験があったからであろうか）、したがってリーマン・ブラザーズが破綻した当初は日本への影響は小さいと思われていた。

しかし、結果としては実体経済でもっとも大きな打撃を受けたのは、日本であった。それは、図6−1の日米GDP比較を見てもわかるし、さらに次の図8−1はより衝撃的であろう。サブプライムバブルが生まれ始めた二〇〇五年の日本の鉱工業生産指数を一〇〇として、四半期ごとの変化を二〇一二年まで描いたグラフである。

リーマン・ブラザーズの破綻があった二〇〇八年第3四半期の鉱工業生産指数は一〇四・六だったが、半年後の二〇〇九年第1四半期には七四・二まで急落している。前代未聞の「崖を真っ逆さま」の急落である。日本全体の生産の三割が、たった半年で蒸発してしまった。二〇一一年第2四半期に東日本大震災の時の生産の落ち込みが刻まれているが、落ち込み幅はリーマンショック時よりはるかに小さい。

世界の主要国と比較しても、日本の産業への打撃は最大だった。二〇〇九年全体の日本の鉱工業生産指数は八一・七まで落ち込んだが、バブル震源地のアメリカの落ち込みは八九・五でとどまり、ドイツの落ち込みは九四・一までで済んだ（いずれも、二〇〇五年を一〇〇とした指数）。日本の落ち込みはイタリア・スペインよりもひどかったが、逆に韓国の指数は一二〇まで上昇した。

この大打撃の主な原因は、リーマンショックとともに日本の円高が急速に始まったことであろう（逆に韓国はウォン安へ）。しかも、欧米の金融危機でこの地域の需要に悪影響が出ることが必至である（図6−3）。その結果、円高と海外需要の減退の効果が合成されて、輸出が三〇兆円規模で蒸発した。その危険を感じて国内生産を急停止したのである。

こうした輸出の急落と生産の急落というマクロ経済へのマイナス要因があったにもかかわらず、円がこの時に買われた理由は、リーマンショックによってアメリカとヨーロッパの金融危機が生まれたために、日本の通貨の方がより安全と思われたからである。すでに国債残高がGDPの二倍以上になっていても、なおドルやユーロとの比較ではより安全ということになった訳である。

リーマンショックの不思議の一つは、アメリカ国内のサブプライムローンバブルの破綻が、世界的な影響をもってしまったことである。それと比べれば、日本のバブルの崩壊はほとんど日本国内の危機だけで終わった。

その背景にはもちろんアメリカの住宅ローン残高の巨額さもあるが、それ以上に、債権の証券化とそこからの派生商品作り（ハイテク金融商品としてのデリバティブ）という、一般的には金融技術の発展と受け止められている現象の負の部分がありそうだ。

まず、なぜこんなリスクの高い住宅貸付をアメリカの金融会社が行なったかと言えば、証券化してリスクを転売できたからである。ローンを他人に売ってしまうのだから、もはや自分には大きなリスクは残らない。リスクの転売を証券化が可能にしている。

もちろん、「リスクの転売」にはリスクの評価とそれへの価格づけが伴う。ひどいリスクの転売であれば、よほど低い値段でないと証券化された債権の買い手がつかない。しかし、サブプライムローンの証券化された債権だけを単体で売るだけでなく、他のより質の高い「担保付き」債権の証券化されたものとポートフォリオを組んだ組み合わせ商品が、ハイテクデリバティブ商品として市場に出てきた。その結果、サブプライムローン自体のリスクは、見えにくくなる。だから、ヨーロッパの銀行はそのハイテク金融商品を買ったのであろう。

日本のバブルは、銀行の過剰貸し出しという古典的なバブルだった。アメリカのバブルはより「近代的」だった。過剰貸し出しのリスクの証券化による転売、ハイテク金融商品によるさらなるリスクの不透明化、これらによって融資現場の過剰な行動が見えにくくなっていた。そこに、アメリカのバブルが急速に拡大し、かつ影響も世界的に大きかった理由の一つがあるようだ。

期待と心理が経済を動かす

リーマンショックの打撃を日本が最も大きくこうむった経済力学的理由は、前節で述べたように、円高と欧米での需要収縮であろう。しかし、それにしても、図8-1の生産の急落はあまりにも激しい。その上、生産活動だけでなく、民間投資も二〇〇九年には前年比で二〇兆円近く減っている。

その日本の姿は、「世界的金融危機の広がりにうろたえる日本」とさえ表現したくなるほどの、危機への過敏な反応である。

そう言いたくなる理由の一つは、この投資の巨額削減を日本企業は金融負債を返済し続ける中で行なっていたからである。二〇〇五年以降の日本全体の資金循環の中で、民間非金融法人は一貫して平均三兆円程度の資金余剰（つまり純金融負債の毎年の削減）となっているのである。つまり、日本企業は負債の返済を続けていたわけで、二〇〇九年には負債の返済をやめてその分を投資してもいいのに、負債を返してその分だけ投資をさらに減らしたのである。

ちなみに、この時期の日本企業の資金余剰額は、家計の資金余剰金額よりも大きい。ふつうは、家計が資金余剰となってそのカネを企業セクターが使う（つまり企業は資金不足になる）。アメリカもユーロ圏も同じ時期にほぼそうなっており、日本もバブル崩壊以前はそうだった。この時期の日本は、企業が負債を返し続けて、それが政府に不足していた資金の供給に回る（国債の発行）というかたちになっている。

こうした日本企業の姿は、負債におびえ、投資を絞り続ける姿、と映る。しかし、日本経済と日本企業が一九九一年のバブルの崩壊以来に経験してきた一五年以上の負の歴史からすれば、その過敏さは理解できないでもない。

バブル崩壊の六年後、アジア通貨危機が一九九七年に発生し、日本の金融システムが大混乱に見舞われた。この年の一一月、三週連続で月曜日に大手の金融機関の破綻が公表された。第一月曜日には、三洋証券が会社更生法適用申請を発表した。第二月曜日には北海道拓殖銀行が北洋銀行や中央信託銀行に営業譲渡すると発表した。つぶれるはずがないと誰もが思っていた都市銀行の一つが、破綻したのである。そして第三月曜日には、四大証券の一角であった山一證券が自主廃業を決定した。

そこに追い打ちをかけるように、翌年八月にはロシアが国債のデフォルト宣言をしてロシア危機が起き、続いてブラジル経済もおかしくなった。その結果、アメリカでは大きなヘッジファンドが行き詰まった。ロシアへの投機の結果、大損失を出したのである。国際的な金融危機の発生である。

それは当然に日本にも波及し、バブル崩壊の傷の大きかった日本長期信用銀行と日本債券信用銀行の資金繰りは急速に悪化して、とうとう両行が破綻に追い込まれた。政府は大手銀行一五行への公的資金の注入を七兆円規模で実施することになった。さらに二〇〇〇年代になると、日本の都市銀行は、みずほ、三井住友、三菱東京ＵＦＪ、りそなの四行に統合され、バブルの戦後処理がこれでやっと一応は終わった。

その年、日産自動車がルノーの傘下に入った。その時のルノーからの資本注入額は三〇〇〇億円強で、日産のメインバンクであった日本興業銀行（みずほに統合）が健全であったならば十分供給できたはずの金額であった。「あの日産が」と多くの日本の企業人が思ったことだろう。「明日はわが身」ということである。

つまり、二〇世紀の最後の一〇年間の日本には、日本全体が数度にわたる金融危機に振り回され、多くの企業が負債回避の心理を強くもっても仕方がないような歴史があったのである。そこへ、二〇〇一年のアメリカ同時多発テロ、二〇〇八年のリーマンショックとくれば、日本企業が危機の兆候にきわめて敏感に反応するのは、当然かもしれない。

カネを貯め込む日本、リスクをとらない日本の姿は、企業だけでなく、日本の家計も同じである。日本の家計が金融資産をどんどん貯めている姿はすでに紹介した。しかも、その金融資産の内容が、価格変動のリスクのない現預金中心なのである。

日本の家計の金融資産のうち、現預金が五二％、株式などの投資有価証券類（投資信託を含む）は一六％であるが、アメリカではちょうどその反対で、投資有価証券類が五二％で、現預金は一四％である（データは二〇一六年三月末）。

また、これだけ金融資産を持ちながらそれを消費に回さない日本の家計の心理の背景には、将来の社会保障への不安があると言われる。たしかに、人口減少時代に突入することが確実な日本で、将来の社会保障を誰が担ってくれるのかという不安があるのは仕方がないかもしれない。

しかし、経済は未来への動きを原動力に発展していく生き物である。そこでは、将来への期待と心理が経済を動かす要因として大きな役割を果たすだろう。たんに、厳しい歴史の経験ゆえに負債におびえる心理、投資のリスクをとりたくない心理が働いている、と心理的萎縮のプロセスを容認して、このままの成り行きに将来を任せていいのだろうか。

「流動性の罠からの脱出のために、将来のインフレ期待をきちんともてるかどうかが鍵になる」と説明したが、それは投資という経済力学の中心変数での期待の役割の大きさを物語っている。また、投資には心理的エネルギーが必要だとも前章の終わりに書いた。さらには、家計の消費にも、将来への不安という心理要因が大きなものとなっている。

つまり、期待と心理が経済を動かし、あるいは、動かなくさせるのである。

政府の政策も、民間の努力も、もっと期待と心理に焦点を当て、どのようにして萎縮しがちな心理からの転換を図れるか、その道を探る必要があるだろう。

第9章

「居心地のいい」日本経済

「どこに不況があるのだ」と尋ねる海外の友人たち

前章まで、一九九〇年代以降の日本経済が成長しなくなってしまったことを大きな論点として、日本のマクロ経済入門とでも言うべき解説をしてきた。

ここまでの私の解説のトーンは、多少ネガティブな印象が強かったかもしれない。成長を忘れた経済のままで、これから人口減少社会（消費人口も労働人口も規模が小さくなる社会）へと突入する時代に、将来は大丈夫なのかという問題意識を強く抱いているからである。

しかし、マクロの成長率を忘れて日本経済の現場を見ると、成長はしていないが居心地はそれほど悪くない、というのが多くの人の実感ではないか。私の現在の職場（東京理科大学）は、東京の神楽坂という、コストパフォーマンスのいい飲み屋やレストランがおそらく日本で最も密集している地域にあるのだが、そこの人出の多さ、店の繁盛ぶりを見ていると、とても不景気の国だとは思えない。

この二〇年ほど、外国から来た私の友人たちも一様に同じような実感をもっていた。「日本は不況のはずじゃないのか」「どこに不況があるのだ」、と口々に言う人ばかりである。たしかに地方には景気の悪さが表面にまで見えるところもある。中小企業には困っている企業もかなりある。しかし、日本全体ではじつは経済はそれほど悪くない、日本は案外と「居心地がいい」という感覚を多くの人がもつのである。

その最大の理由は、失業率の低さであろう。ヨーロッパへ行くと、一〇％近い失業率は当たり前の国が多いなか、日本の失業率は二〇一五年データでわずか三・四％、この二〇年間の平均値でも四・四％である。比較的経済が好調と言われているアメリカでも、二〇一五年が五・三％の失業率、この二〇年の平均値だと六・〇％で、日本よりも失業率はかなり高い。だから、日本の街中で失業の形跡をみることがほとんどない。それで、街の観察実感では景気の悪さを感じない部分があるだろう。

日本の物価もかなり安い。それが、世界の先進国を旅する多くの人の共通の実感であり、私も同じ感覚をもつ。旅行者としての感覚では、ホテルの部屋代、レストランやファーストフード店での価格、いずれをとっても日本は高くなく、むしろ安い。

もっとも、世界の各都市での物価感覚の比較は、案外難しい。同じようなカテゴリーの商品でも提供される具体的な品物の種類や質が違うし、その土地の所得との関係で高い安いの感覚はかなり決まるからである。その難しさの解決のために、東京理科大学での私のゼミの社会人学生の一人が、面白いデータを持ってきてくれた。世界中で多くの人が共通に食べているマクドナルドのハンバーガー、ビッグマックの世界各地での価格比較である。

彼は各国の価格でその国の一人当たりGDPを割り算をして、一人当たりGDPで一体どれだけの数のビッグマックを買えるか、計算した。人口三〇〇〇万人以上の国で順位をつけると、結果のベスト5はつぎの通りである（二〇一四年データ）。

1位　日本　一万二九四四個
2位　アメリカ　一万一四八三個
3位　カナダ　一万〇三六九個
4位　ドイツ　九〇三九個
5位　イギリス　八五五一個

日本はかなりダントツに、所得に比して物価が安い国、ということになったのである（もっとも、人口の小さな国または地域で豊かな国では、日本を上回る国もある。シンガポールや香港では、一万五〇〇〇個以上の購買力がある）。もちろん、この計算には為替変動の影響はない。各国での通貨ベースでのビッグマック価格と一人当たりGDPの数値が計算に使われているからである。

物価が安定している

このビッグマック購入可能量はそれぞれの国の庶民の実質購買力の一つの指数であるが、消費者物価指数という国全体の物価水準を示す指数の上昇率で比較しても、日本経済は悪くない。インフレが起きていないのである。

マクロ経済学の世界で経済のパフォーマンスの指標として注目されるのは、成長率や失業率とならんで、物価上昇率である。インフレになると、人々が生活に苦労することが多いからである。現在の日本はインフレどころか、デフレであり、デフレはたしかに経済成長への足かせにはなるのだが、庶民の生活水準を維持できる意味では決して悪いことではない。

図9-1は、この二〇年間の日米の消費者物価指数のグラフである。日米ともに、二〇一〇年を一〇〇とする指数にしてある。

たしかに、一九九八年の銀行への公的資金注入でバブルの処理が一応終わった頃から、リーマンショック直前時の短期間を除けば、日本経済はデフレ基調である。ただし、二〇一四年からはゆるやかな物価上昇が始まっている。それでも、二〇一五年の物価水準は二〇年前とほとんど同じである。つまり、物価はきわめて安定的に推移してきたのが日本経済なのである。

他方アメリカは、一九九六年からの二〇年間で物価は五一%上がっている。平均年率で二・

図9-1 日米の消費者物価

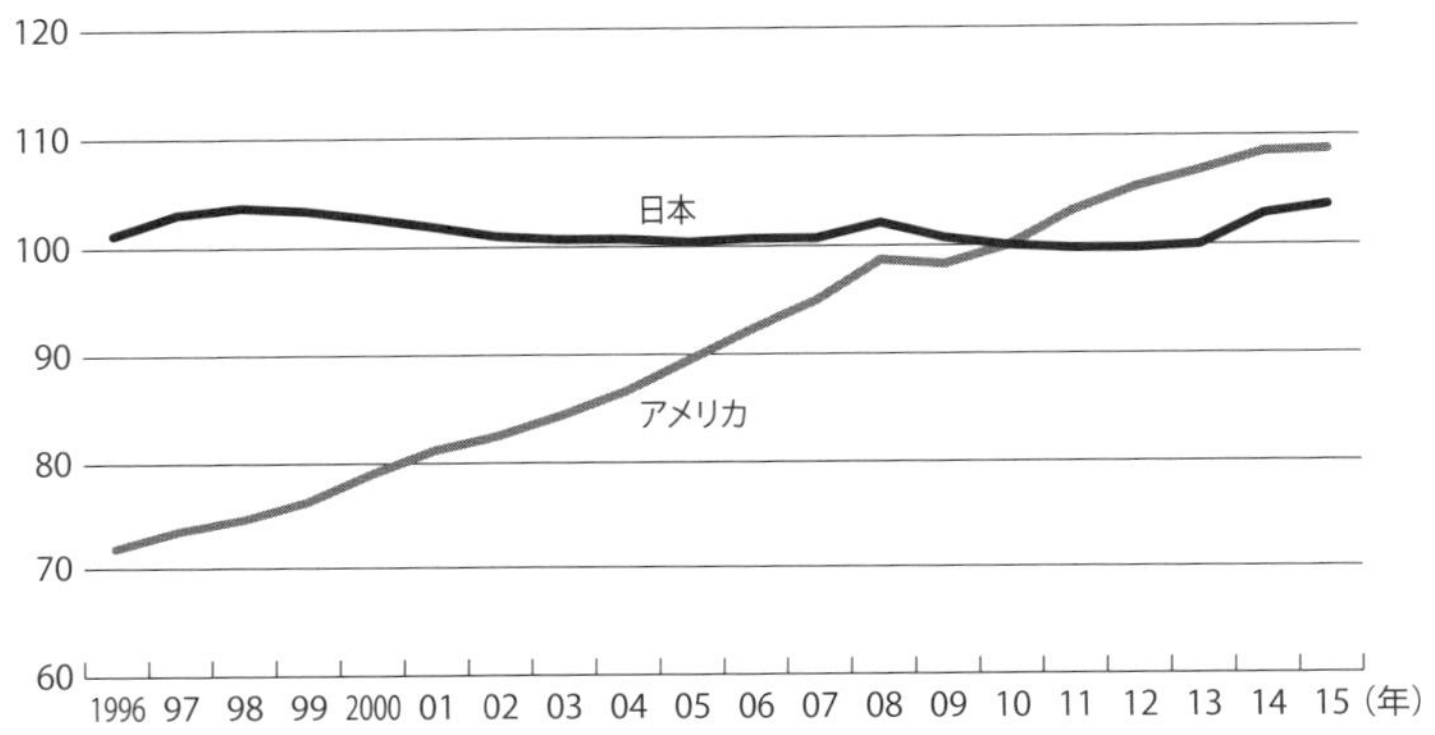

（注）縦軸は2010年を100とした場合の指数
（出所）各国物価統計

五％の上昇である。日本との物価上昇の差は大きい。図6-3でみた為替レートの同じ二〇年間の変化は、一ドル一〇八・八円から一二一円へとわずか一割強の円安だから円のドルベースの実質購買力は四割ほど上がったことになっている。

つまり、物価上昇率の違いという観点からは円安がもっと大幅に起きてもいいのに、実際には円ドルレートはあまり円安にならなかった。それだけ、実質的な円高が起きている、円の購買力が上がっているということなのである。

こうした円高への傾向は、たしかに輸出競争力にインパクトを与えるという点では経済にマイナスの効果があるのだが、円の世界的な購買力という意味では日本にとってプラスである。なぜなら、一万円で海外で買えるものが多くなるからである。たとえば、企業買収をするときに買収総額をドルで払うときに準備しなければならない円ベースの金額が、円高ならば少なくて済む。これも円の購買力が上がるということの実例である。

したがって、実際の円高、あるいは物価相対比較での円高傾向、という事実をとらえて「日本経済はよくなっている」という評価をすることも可能なのである。円高とは、円の購買力が上がるという意味だけでなく、さらには世界的な物財やサービスの購買のプロセスでの日本にしかない資源（日本の土地や日本人の労働力、あるいは日本企業そのもの）の価格が国際的に高く数値で評価されることにもなっている。だから、日本経済はよくなっている、という評価になり得るのである。

たとえば、ある日本企業の価値が日本国内で一二〇億円だったとすると、それをドルベースの数値に直すと、一ドル一二〇円ならばそのドル価格は一億ドルとなり、一ドル一〇〇円になれば同じ一二〇億円が一億二〇〇〇万ドルと計算されることになる。それだけ、円高は日本企業の国際的価値を上げていることになる。

経常収支でも、対外純資産でも、優等生

たんに円高傾向という為替レートを通しての日本経済の高評価というだけでなく、日本経済はそれほど悪くないというデータは、じつはあちこちにある。

たとえば、経常収支の黒字の継続的拡大である。経常収支とは、物財の貿易（輸出入）から計算される貿易収支に、サービス財の貿易収支も加え、さらに海外投資などからの投資収支も合

算した、一国全体の外国とのさまざまなカネの収支計算の総合値である。これが赤字ならば国全体としてはカネのフローがマイナスということで、どこかでその償いをつける金融的処置（資本の海外からの流入など）をしないと、国全体がもたない。経常収支が黒字ならば、家計で言えば収入が支出を上回っている状態で、国全体にカネが貯まって行く。

むかしケネディ元大統領が、「経済で怖いものが二つある。一つはインフレで、もう一つは経常収支の赤字」と言ったという話があるが、日本経済は長期的に経常収支黒字を続けており、逆に長期的に経常収支の大幅赤字を続けているアメリカよりも健全である。ケネディ大統領の心配で言えば、物価も経常収支も、日本の方がアメリカよりいいのである。

アメリカの経常収支はこの二〇年間、一度も黒字になったことがなく、最悪だった二〇〇六年にはGDP比でマイナス六％近くの巨大さだった。二〇一五年はマイナス三・七％である。他方、図9-2にあるように、日本の経常収支は二〇年間で一度もマイナスはないし、リーマンショックと東日本大震災で大きく落ち込んだものの、二〇一三年以降は急速に回復してきていて、二〇一五年には一八兆円、GDP比でプラス三・六％の水準にまで戻っている。

このグラフを見ると、日本の経常収支は二〇〇〇年代初めまではほとんど貿易収支だけだったことがわかるし、貿易収支はリーマンショックまでは一二兆円あたりを中心線に小さく振動してきた。そして、二〇〇〇年代初め以降は所得収支が増加してその分が一〇兆円規模に近くなったのがリーマンショック直前であった。日本の経常収支は、二五兆円近くまで増加したのである。

図9-2　国際収支と直接投資

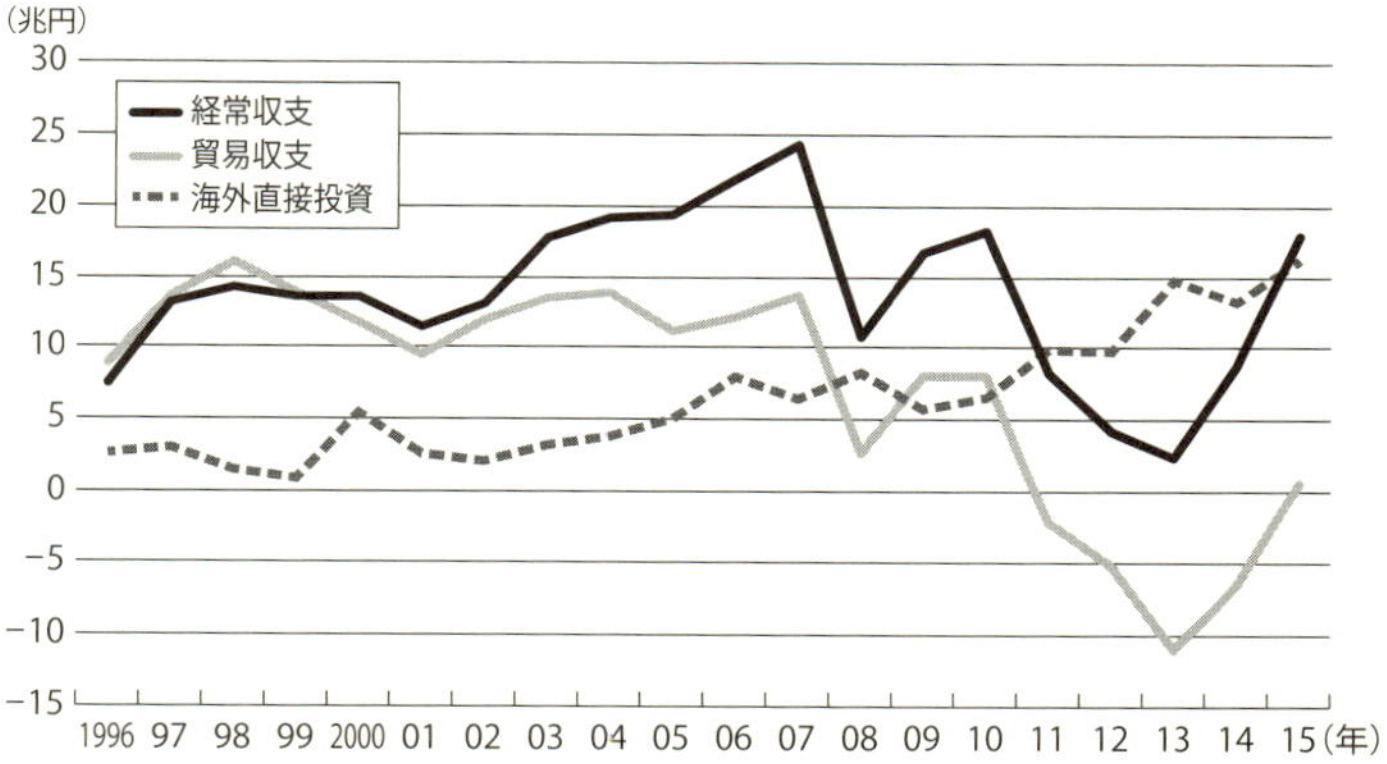

（出所）財務省国際収支統計

しかし、リーマンショックが輸出を大きく減少させたため、貿易収支は三兆円規模まで落ち込んだ。経常収支も当然落ち込んだ。そこに東日本大震災が発生し、原発事故によって化石燃料の輸入量が急増した。この頃には原油価格の急騰があり、ダブルパンチで輸入金額が膨大に膨らんだため、貿易収支は二〇一一年から一四年までかなりの赤字になってしまった。戦後の長い期間なかった、貿易赤字という現象であった。

それにもかかわらずこの時期の経常収支が赤字にならなかったのは、二〇兆円規模に近い所得収支の黒字が出るようになっていたからである。それは、日本が急速に海外への投資からの収益で食って行くようなパターンになってきたことを意味する。

そうした所得収支増加のベースになっているのが、同じグラフにある海外直接投資の毎年の投資金額の継続的な上昇である。二〇一五年には一五兆円を超える海外直接投資を行なうまでになっている。海外への投資が累積してきているから、所得収支も大きくなってきた、というわけである。

こうした経常収支の黒字の長期的継続と直接投資の拡大のおかげで、日本という国の対外純資産の規模はこの二〇年以上、世界ナンバーワンの位置を保ち続け、一九九六年には一〇三兆円だった対外純資産は二〇一五年には三九三兆円、GDP比で六八％の大きさまで積み上がっている。これに対してアメリカはもう長い期間にわたって世界最大の対外純負債国で、その負債額は二〇一四年にはGDP比でマイナス四〇％の大きさにまで膨らんでいる。

つまり、国際収支ではアメリカ経済よりも日本経済はかなりパフォーマンスがいいのである。

失業率も低く、かつ安定

そして、さらに日本がいいのが失業率の推移である。すでに日本の失業率の低さについては第一節で指摘したが、特筆すべきはその長期的な安定性である。日本は失業率が低く、かつ毎年の変動幅も小さい。そうした日本の失業率のパフォーマンスのよさは、この二〇年間だけでなく、図9-3のように一九五六年からの六〇年間の長期間で日米比較をしてみると、歴然とする。

たしかに、戦後一貫して二％前後の低い水準だった日本の失業率は、バブル崩壊の後は二〇〇二年の五・五％まで一気に駆け上がってはいる。そして、銀行の破綻などが続いた一九九九年から三年間だけ、日本の失業率がアメリカよりも高くなっている。しかしこれは戦後の例外の時期で、この三年間がいかに日本としては異常な期間だったかがわかる。

図9-3　日米の失業率

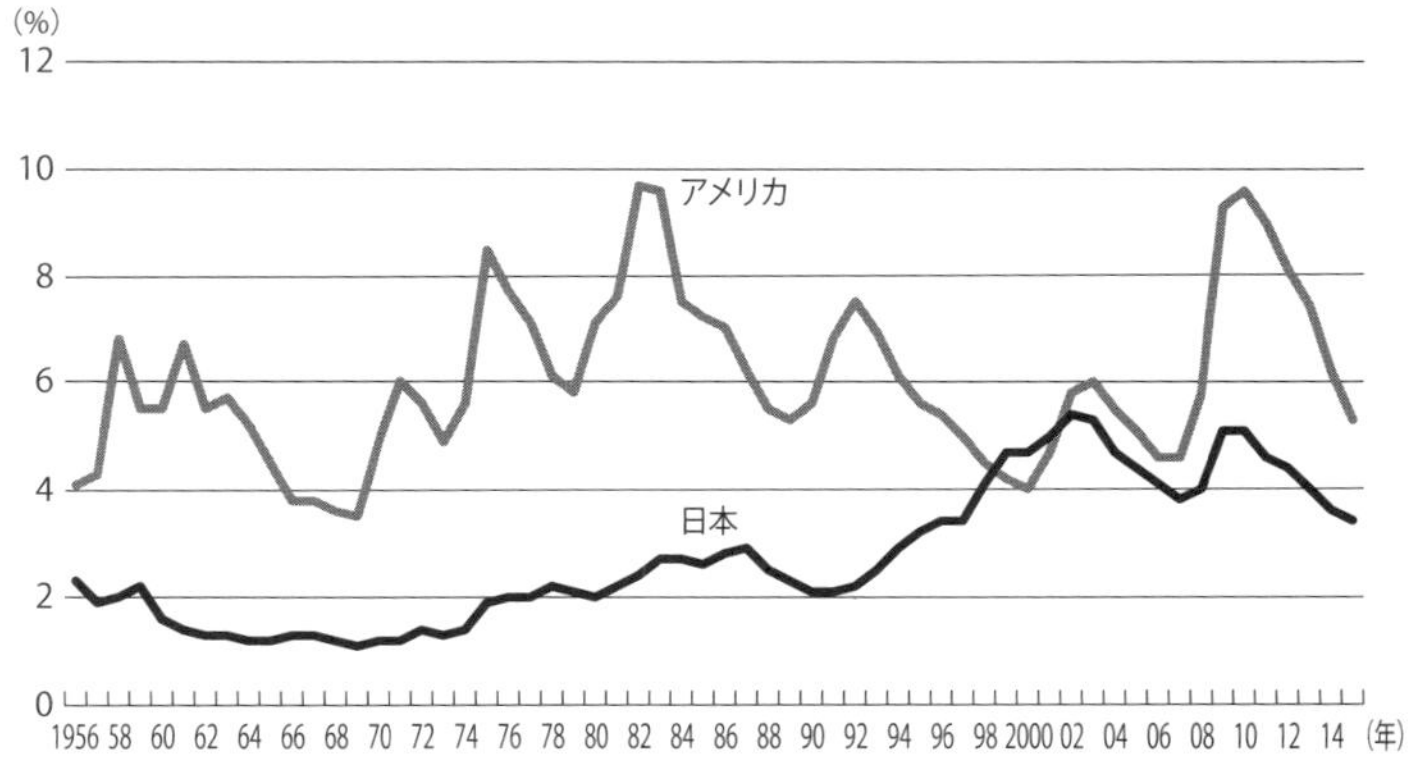

（出所）各国労働統計

その後は日本の失業率はアメリカよりも低いのだが、とくに目立つのはリーマンショック後の日米の失業率の推移の違いである。アメリカでは、失業率がショック直前の二〇〇七年の四・六%から二〇一〇年の九・六%まで、上昇幅五%という大きさで急速に上昇する。失業の大量増加である。しかし、リーマンショックで実体経済がもっとも打撃を受けたと前章で紹介した日本の失業率は、同じ二〇〇七年の三・八%から二〇一〇年の五・一%まで、上昇幅はわずか一・三%である。

　グラフから明瞭なように、アメリカの失業率が大きな上昇と下降を繰り返すのは、この六〇年間一貫して見られる現象である。失業率の平均水準ばかりでなく、安定性にもあきらかに日米の違いがある。

　それは、景気変動とともに失業率が大きく変動するアメリカ、景気変動があったとしても失業率の変動が驚くほど小さい日本、という違いである。オイルショックの時も、バブル崩壊の時も、日本の失業率はそれほど大きくは上昇しなかった。

そうした日米の違いの背後には、企業の雇用政策の違いがあると思われる。日本企業は、長期雇用を重んじ、雇用の安定を大事にする。だから、景気変動に対しては労働時間の調整でなるべく対応しようとして、雇用量は変えない努力をする。ただ、景気の落ち込みが激しくかつ長期になれば、雇用量の変更をせざるを得なくなるが。一方、アメリカ企業は景気変動への対応として雇用量そのものを動かすことに躊躇しない。だから、解雇と再雇用を繰り返す企業も多く、失業率が大きく変動するのである。

こうした日米の雇用政策の違いは、高度成長時代の歴史的産物で現在ではもはや存在しないという意見の人もいる。しかし、リーマンショック後の日米の失業率変動の大きな違いは、高度成長時代ほどではなくともまだ日米に同じような雇用政策格差が存在することを示唆している。そして、働く人々の生活の安定という面から見れば、日本の雇用政策の方が安心できる、すぐれたものと言っていいだろう。

しかし、安定性の罠

そうした雇用の安定は、じつは日本経済のあちこちに見られる「システム安定性」とでも呼ぶべき現象の一つだと思われる。システム安定性とは、一つの経済体が全体として波動や不規則変動の少ない動きをすることを指す、私の造語である。経済体とは、企業という経済体でもいいし、産業という経済体、マクロ経済という経済体でもいい。

ここではデータなどをくわしく解説する紙幅の余裕はないが、さまざまな経済変数の変動幅が、日本ではアメリカなどと比べて小さい。たとえば、自動車の生産台数は、アメリカでは年ごとに大きく変動するが、日本の年ごとの変動幅は小さい。その背景には、自動車産業の需要の変動が日本では小さいことがある。そして、生産の変動の小ささの帰結として、自動車産業の雇用の変動も日本では小さい。

じつは、日本だけでなくドイツでもアメリカよりは変動の小さい経済という現象が見られる。ある意味では、アメリカが異常に変動する経済なのかもしれない。前節の日米の失業率推移のグラフは、日本のシステム安定性の象徴なのである。

そうした安定ゆえのメリットは、基本的に二つある。一つは変動への準備の必要が減るということ。もう一つは、将来についての不確実性を小さく見積もれるということ。そのような本質的メリットがあるがゆえに、日本の企業システムを支えてきた人々は、長期的雇用、長期的取引関係といったようなものを大切にしてしてきたのだろうし、またそれがメリットを持ったからこそ日本経済の目覚ましい発展も可能になった部分があるのだろう。

それがじつは、第7章で説明した「国際環境の安定性の受益者としての日本」ということの一つの側面だった。しかし、安定性にはメリットもあるが、罠もありそうだ。

安定性が過度に高いシステムのもとでは、二つの不都合が起き得る。一つは、新しい未知の試みやシステムの秩序を乱すような実験などは起きにくいことである。創造的なイノベーションが必要となってきていると言われる現在の日本には、大きな問題であろう。新しいものを生み出す活力の弱さ、とでも言おうか。

もう一つは、安定性を壊すようなシステムへの外からの大ショックに対して、対応能力が小さくなることである。ちょうど精巧なガラス細工のように、「精密なれど脆弱」になる危険があるのである。バブルの崩壊やリーマンショックの後の日本のうろたえたような対応は、その脆弱性の表れとも解釈できる。

さらに怖いのは、安定ボケとも言える、成長と変化へのエネルギーが減衰する危険である。それが、成長しないこの二〇年間の日本経済の根底によこたわる問題かもしれない。

しかし、安定ボケの中でも勤勉さは日本人は保ち続けたようだ。そのおかげで、経済の規模は拡大しなくても、生活の質はじつは少しずつ向上し続けた。その結果、この章の前半で紹介してきたような、「居心地のいい」日本ができ上がった。

居心地のいい日本は、そこから飛び出すこと、大きな挑戦をすることをためらう心理を生み出す危険がある。その一つの例が、日本企業と日本経済の国際化の遅れではないか。

前々節で、日本の対外純資産が世界一で、毎年の直接投資も増えてきているというデータを紹介した。しかし直接投資の累計の残高は、決してまだ大きくない。生産活動などの国際化ではない、海外証券投資などが大きいがための、対外純資産世界一のようなのである。

表9-1は、日本経済の国際化の度合いを、輸出と直接投資残高の対GDP比率という指標で、アメリカとドイツと比べたものである。この表のグローバリゼーション度とは、左の二つの比率

表9-1 直接投資残高と輸出の対GDP比率

（%）

	直接投資残高比率		輸出比率		グローバリゼーション度	
	2005年	2014年	2005年	2014年	2005年	2014年
日本	9.1	29.0	14.9	18.1	24.0	47.1
アメリカ	27.8	36.4	6.9	9.4	34.7	45.8
ドイツ	32.5	41.1	34.2	38.7	66.7	79.8

（出所）国際貿易投資研究所

の合計値で、海外事業活動と輸出活動の両面からの国際化の総合指標としての、私の造語である。

今後の日本国内での人口減少を前提にすれば、海外での事業活動と輸出活動によって海外の需要を取り込むことが日本経済の成長には必須である。その両方で、二〇〇五年でも日本はドイツにもアメリカにも、かなり後れをとっていることがこの表からわかる。世界経済のグローバリゼーションと一九九〇年代にはすでに騒がれていたのに、日本の国際化はあまり活発だったとは言いがたいのである。

ただし、この一〇年で日本はたしかに追い上げてきている。図9-2にある二〇〇〇年代半ば以降の直接投資の増大がそれを示しており、二〇一四年までに日本の直接投資残高はたしかに急増してきた。それでも、まだ大陸国家で人口増加の続くアメリカにも遅れており、ヨーロッパ主要国の中では最低の部類であるドイツ（旧植民地がないことが影響しているのであろう）の四一・一%からは一〇%以上も低い。

輸出比率では、たしかに二〇一四年の日本はアメリカよりもかなり高いところまできたが、ドイツと比べるとまだはるかに低い。したがって、トータルのグローバリゼーション度では、日本はアメリカとやっと肩を並べ、ドイツからはまだ大きく離されているのが二〇一四年の姿なのである。

それは、遅まきながらやっと国際化へのエンジンがかかってきた日本、という姿である。エンジンがかかり始めたことは将来へのいい兆候だが、海外直接投資も輸出も、まだまだ大きくする余地がありそうだ。

それには、これからも大きな投資がいる。海外直接投資はもちろん投資だし、輸出競争力強化のためには国内での設備投資・研究開発投資が欠かせない。その投資のための国内の資金基盤はすでにある。企業の負債負担力は十分残っていると思われるからである。

足らないものは、マクロ経済の基礎構造と第7章の末尾で指摘した、心理的エネルギーであろう。安定性の罠がもたらした心理的エネルギーの減衰が、日本経済の大きな問題なのである。

その状況では、誰かが安定性の罠から抜け出すべく、ジャンプをする必要がある。

日本経済を構成するすべての企業や家計に同じようなジャンプを期待し、そこから心理的エネルギーが全体として高まることを期待するのは、無理がある。誰かが走り出して、それを見て多くの人や企業がフォローしていく、という形でしか大きな変化は起きないだろう。

それは、第4章の末尾で指摘したように、ドツボにはまった均衡状態からあえて不均衡をつくる人が生まれ、それが「神の隠す手の原理」を機能させるというプロセスになるだろう。

そうしたジャンプを政府が行なった珍しい例が、二〇一三年からの日銀による異次元金融緩和政策だと思われる。それは、流動性の罠から抜け出すための金融政策という意味だけでなく、安定性の罠からも抜け出せる可能性を秘めた不均衡政策のようだ。

第3部

市場メカニズムを考える

第10章

市場経済のよさの本質

マクロ経済の背後に、市場メカニズムがある

第2部ではマクロ経済全体の動きを考える枠組みの説明と、日本経済の最近の歴史をデータで振り返る作業を行なった。この第3部では、そうしたマクロ経済の動きの背後にある、市場メカニズムについて考えてみよう。日本をはじめとする市場経済の国では、多種多様な市場があるからこそマクロ経済を構成している経済主体は、お互いにつながり合っていられる。日本の一七〇万の企業、五二〇〇万世帯の家計がさまざまな市場で、供給者と需要者という関係でつながっている。

しかし、市場メカニズムといっても、読者の大半にとっては存在感を感じにくい、空気のようなものかもしれない。市場経済の国では、当然のように昔からそこに市場メカニズムが存在してきたからである。しかし、市場経済ではなかったのに市場経済国へと最近移行した旧共産圏諸国では、市場メカニズムをいかに設計し、かつ機能させるかという問題は、リアルで深刻な問題であった。

第7章で、一九八九年、ポーランドという市場経済移行国が市場メカニズムをまさに導入しようとしている現場に、私が紛れ込んでしまったことを少し書いた。その体験は日本の市場経済を考えるときにも参考になった。そんな私個人の経験も一つのベースにして、以下では市場メカニズムの本質は何か、実際の日本の経済の動きの背後で市場メカニズムがどのように機能していたか、あるいは機能していなかったか、それらをこの第3部では考えたい。

世の中には多様な財やサービスが存在するが、それぞれの財・サービスごとに市場がある。そこでは企業が財やサービスの供給者、家計や他の企業あるいは政府が需要者である。労働市場では、家計が労働の供給者であり、企業や政府が需要者となる。金融市場では、家計や企業がたとえば預金というかたちでの資金の供給者であり、金融機関がいったんはそのカネの需要者となる。そして、金融機関は資金を欲しがる企業や政府への供給者としても機能する。つまり、金融市場では、家計や企業が供給者、企業や政府やときには家計が需要者、金融機関が需給の仲介者、という位置づけになっている。

それぞれの市場では、その市場で提供されている財・サービスの価格を市場参加者の共通の情報として、需給が調整されている。そこには、司令塔の役割（需要や供給の総量を指示したり、個別の取引の価格を指示する役割など）を果たす人は誰もおらず、市場の参加者が自分の自由な判断で取引を行なうかどうかを決めている。

それでも、全体のつじつまが合うような需要供給の関係が、価格という変数を媒介に、保たれている。価格が上がれば、供給が増えるが、需要は減るだろう。逆に、価格が下がれば、供給は減り、需要は増える。こうして、価格というまぎれのない指標を市場の参加者たちが共通の中心的なシグナルとして使って、需給のバランスがとられていく。それが、市場メカニズムである。

こうした価格メカニズムが作用しているのは、多様な財やサービスの個々の市場ごとである。たとえば、パソコンの市場ではパソコン価格が需給バランスをとっている。そこではガソリンなどのパソコンとは関連の薄い財の市場とはほとんど無関係に、価格メカニズムが機能する。しかし、パソコンと関連の深い半導体の市場では、パソコン市場の需給と価格が半導体の需給バランスの調整と価格の動向に大きな影響を与えるであろう。

こうして、それぞれの財・サービスで、関係の深い財の市場の動きとは関連をもちながらしかし関係のない財の市場とは独立に、市場メカニズムが機能している。つまり、じつに多様な市場でメカニズムとしては類似の「価格による需給調整メカニズム」が同時並行的に動いているのが、マクロ経済なのである。そして、それぞれの市場の動きの複雑な相互作用の総計として、そしてそれぞれの市場の需給動向の総計として、マクロ経済の動き（民間消費の動向、民間投資の動向、輸出の動き、GDPの成長など）が決まってくる。

これがマクロ経済の背後に市場メカニズムがあると私が言うゆえんである。

市場が機能するための基礎要件

多くの読者にとって市場メカニズムは当然にそこにあるものかもしれないが、しかし、市場メカニズムとは違う計画経済のメカニズムの方が社会全体として効率がいいと考える人たちが世界的に大きな勢力だったことがある。一九一七年のロシア革命から九一年のソ連の崩壊まで、ソ連・東欧の共産圏諸国では計画経済が七〇年以上にわたって実施されてきたのである。その壮大な社会実験が失敗に終わったことが明白になったのが、一九九一年という年だった。同じ年に日本のバブルが崩壊しているが、世界史的にはソ連の崩壊と共産主義の終焉の方がはるかに大きな事件であった。

これらの国々はその後、市場経済へと移行することを目指した。それは、これまで市場がなかったところに市場をあらたに作ろうとした、すさまじい努力だった。

私がポーランドという国を訪れた頃は、まだ非共産党政権の組閣も済んでいない不安定な時期であった。旧体制崩壊の混乱と市場経済への期待と、それらが混じり合った電気のようなものが空気の中に満ちている、そんな国の日常の現場をうろうろする羽目になったのである。

当時のポーランドには、銀行もほとんどないに等しかったし、電話もそれほど普及していない。流通の仕組みも、国営だからであろうが、機能しているとは言いがたい。豊かな農業国のはずなのに、人々の食卓に十分に食料が行き渡らないのである。そんな状況から市場経済へと移行しようとするポーランドの努力を見ていて、あらためて市場経済が機能するための二つの基礎要件を私は思い知らされた。

第一は、市場インフラが整備されていることである。第二は、市場の参加者が責任ある経済行為を現場でとることである。

第一の基礎要件である市場インフラとは、市場取引そのものが円滑に進むための仕組みのことである。それはまず、市場取引がまず成立するために売り手と買い手が出会ってお互いの要求・取引条件をすり合わせる仕組み、そして次に取引を決済するための仕組み、この二つである。

第一の仕組みを担当するのが、ふつうは商人である。商業あるいは流通の仕組みが、売り手と買い手の間でこの情報的仲介作業を担当する。第二の仕組みを担当するのが、カネの面では銀行の決済機能であり、取引が成立してモノの物的決済の段階になれば、運輸・物流システムの役割である。カネの決済に付随して、決済をより円滑に行うための金融機能がついてくる。そこで銀行が金融的仲介作業を担当する。

つまり、商品情報の仲介のための商業システム、金融的仲介のための銀行システム、物流的仲介のための運輸・物流システム。こうした社会的インフラが市場取引の円滑な遂行には不可欠である。さらに、こうした仲介作業の円滑さとスピードは、その仲介情報あるいはデータを伝達する通信システムの能力・効率に大きく左右される。

こうした市場インフラが、ポーランドを含む共産主義諸国にはきちんと整っていなかった。それが彼らが一九九〇年代の市場経済への移行で苦労した一つの原因だが、市場経済国でもこの市場インフラは当然大切である。インターネットの普及が市場の情報伝達機能を大幅に改善したことが、最近の市場メカニズムの動きに大きな影響を与えているのがその例である。

そして、市場インフラの重要性がとくに浮き彫りにされるのは、危機のときである。たとえば、第2部で説明したように、日米のそれぞれのバブルが崩壊した際に両国政府はともに銀行システムの救済に国として乗り出した。その理由は、市場インフラの鍵を銀行の決済システムが握っているからである。それが崩壊すると市場メカニズムそのものが動かなくなる。

次に、市場が機能するための第二の基礎要件である「市場の参加者の責任ある経済行為」とは、たとえば、取引の際に信頼のできる商品を提供する、いったん取り交わした契約を守る、あるいは労働の現場で真面目に働く、自分の権限下の資源の私的な流用をしない、などである。それは、社会的なモラルの問題でもあり、またモラルに反した行為をとる人にペナルティを課すという法制度の問題でもある。この法制度自体を、市場インフラの一部に入れてもいい。

現場が責任ある経済行為をとらないと、市場取引の関係者の多くが互いに疑心暗鬼になってしまって、取引そのものが成立しなくなる危険が大きい。あるいは、責任をもたせるための追加的措置をかなり費用をかけて作らざるを得なくなる。いずれも、市場のスムーズな機能には障害になる。

市場経済移行期のポーランドでは、現場で責任ある行動が取られなかった例がかなり頻発した。たとえば、国有企業の幹部による企業の資産の私的流用である。無理もないかもしれない。共産党独裁体制で締めつけられた長い歴史が、社会的基盤を歪めていたのである。

明治維新の後、日本が欧米風の経済発展の道をアジア諸国の中ではもっとも早く進むことができた理由の一つに、官も民も現場が責任ある行為をとるという社会的基盤があったことがよく指摘される。その例としてあがるのが、市場インフラの番人としての官僚が賄賂をとることが少なかったこと、あるいは働く人々の勤労倫理が高かったことである。こうした現場での責任ある経済行為が、明治日本で市場メカニズムが機能することを下支えしたのである。

市場淘汰の原則、そしてそれからの逃避

現場の責任ある行動は、市場経済の国では当然に守られるモラルだ、と簡単に思ってはいけない。その国の社会的基盤によっては、この条件の成立の程度がかなりあやしくなる。さらに、現場の責任ある行動から逸脱する人は、どこの国にも存在するのである。

ただし、そういう逸脱に対して市場経済は基本的な対策を用意している。それが、市場淘汰の原則である。責任ある経済行為をとれない人は、周囲に信用されなくなり、市場への参加を他の参加者が拒否するようになり、結果として市場から淘汰される、という原則である。

それは、一種の社会的制裁の仕組みと考えてもいいし、経済的に利益が上がらなくなって退

場を迫られるという経済的制裁の仕組みと考えてもいい。

ただし、市場淘汰の原則は万能ではない。それを機能させようとした途端にそれからの逃避の動きが反作用として出てくる可能性があることを、われわれは意識すべきである。

そうした逃避の動きとして真っ先に思いつくのは、淘汰されないように権力の保護を求める、という行動であろう。しかしそれだけならば、不当な保護への対策をさらに考えればいいのだが、厄介なのは市場経済のよさを大きくしようとして作られる制度や慣行が、じつは市場淘汰の原則からの「悪意ある」逃避を助けてしまう、というケースである。

つまり、市場インフラの整備のため制度や慣行、あるいはさらに市場がその存在範囲を拡大していくような市場参加者の工夫、そういった市場経済がよりスムーズに機能するために必要と思われる措置や行動（市場強化策と呼んでもいい）が、じつは市場淘汰の原則からの逃避に役立ってしまう、という逆説的な例である。

その例の一つが、日本の民事再生法である。この法律は、会社更生法とは違って倒産前の経営者による再建を許す法律である。その意図は、経営者がリスクをとった結果、不幸にして経営に失敗しても、経営者の立場を追われることがないように、つまり経営者があえてリスクをとることを妨げないように、ということである。しかし、この法律は一歩間違えば、「現場での責任ある経済行為」をとらなかった経営者が意図的に生き残りを図ることを助ける仕組みにもなってしまいかねない。結果として、淘汰されるべき経営者が淘汰から逃避できる危険がある。

市場の存在範囲を拡大するような工夫が市場淘汰の原則からの逃避の手助けをしてしまった

かもしれないのが、第8章で説明したアメリカのサブプライムローンバブルでの証券化という市場的手段である。ローンを金融商品として転売できるような証券化の仕組みを作って新たな金融商品市場が生まれたという意味で市場の存在範囲の拡大であった。

しかし、証券化してローンを転売できることで、現場で実際にリスクをとって貸付をする際のリスク評価がつい甘くならないか。本当は返済できるはずがないような収入の人にあえて住宅ローンをつけた人たちは、自分たちがリスクの転売によって市場淘汰の原則から逃れられると考えていたのではないか。そんな疑問が生まれる。証券化したローンの返済が滞っても、その責任はローン実施者には法的にはない形での証券化が可能だからである。つまり、ローン現場での「責任ある経済行為」への疑問である。

私は、民事再生法そのものや住宅ローンの証券化そのものに反対しているのではない。しかし、そうした市場の機能を拡張する意図で作られた仕組みがもっている潜在的な危険に眼を向けるべき、と言いたいのである。

適者実験、優勝劣敗、報酬対応

市場メカニズムは、社会全体の経済活動の統御のためのメカニズムとして歴史の風雪に耐えて生き長らえてきたメカニズムである。ポーランドでの市場経済導入の苦闘のプロセスを現場で見ながら、私は市場メカニズムのよさの本質はいったい何か、を考え続けていた。そして私が結論として得たのは、次の三つの特性があるゆえに市場メカニズムは経済に環境適応力を与える、という仮説であった。

①適者実験
②優勝劣敗
③報酬対応

市場メカニズムがもっているこの三つの特性ゆえに、さまざまな環境変化に対して、市場メカニズムは人々に環境適応をさせるための社会的仕組みとして適した本質をもっていると思われる。たんに、価格情報だけで需給の調節ができる、という情報効率だけではない。

三つの特性の第一は、「適者実験」である。それは、情報と能力のある人が、自由に自分に適した仕事を選び、実験や事業を始められるということである。適者とは、適切な情報と能力を持った人という意味で、その人が実験を自由に始められるのが市場経済のいい点だ、ということである。それは、経済的な自由、参入の自由を保証する原理である。オーストリアの経済学者フリードリッヒ・フォン・ハイエクが言ったように、経済の中の「現場の人間」(彼は“man on the spot”と呼ぶ)だけがもっている現場情報を自分で自由に使えるということが、市場原理のよさの一つの本質なのである。

そうした実験者が自由に社会のどこかから資源を集められるのであれば、能力と情報のない人がやみくもに実験を始めるよりは社会的に効率が高いであろう。もちろん、自分では能力や情報があると思っていても、他人が何らかのかたちで認めなければ、事業に必要な資金や人が集まらないだろう。その人たちを説得できないような計画はそもそも成功の可能性がはじめから低い。それは実験しない方がかえって無駄がない。

しかし、いったん実験を始めたからと言って、つねに成功するとは限らない。成功と失敗を峻別するメカニズムが用意されないと、失敗が淘汰されずにいたずらに継続する。それをさせるのが、「優勝劣敗」の原理である。優れた事業が勝ち、劣った事業は淘汰される。優れた人の仕事は評価され、劣った人の仕事は評価されない。だから、当初のもくろみが間違って不適切な実験を始めても、それに必要以上に資源がそそぎ込まれず、その資源は他にまわせる。あるいは、努力しないものにも淘汰という警告が待っている。だから、努力への規律が生まれる。

「報酬対応」とは、実験に乗り出すリスクをとった人、そしてその実験を成功させるべく努力を傾注した人には、その実験のリスクと努力に対応する大きさで、成功の結果としての「正当な報酬」が手に入る、ということである。だからこそ実験に乗り出そうというインセンティブが生まれる。また実験を成功させようとしてさまざまに努力する。その努力が大きくなることに、報酬対応は貢献する。

報酬は必ずしも金銭的報酬だけではないかもしれない。社会的認知であったり、次の仕事の機会であったり、さまざまな「ご褒美」があり得る。そうした有形・無形の報酬が成功の大きさに対応して発生することが大切だ、という原理である。

この三つの特性を発揮できるようにするための具体的制度、あるいは市場への参加者がこの三つの特性を生かして経済活動を行なうことを奨励できるような具体的制度は、じつは多様にあり得る。そのすべてが、市場経済の具体的仕組みのバリエーションである。その国の歴史や文化の状況に応じて、具体的あり方は多様であっていい。

しかし、市場経済の仕組みの具体的設計を考えようとするとき、市場経済先進国と一般に目されているアメリカの制度にすり寄ろうとする動きは、日本でもポーランドでも、そして世界のあちこちで起きそうである。

ポーランドの例としては、市場経済へ移行する初期段階で、一刻も早く資本主義の象徴としての株式市場をポーランドが欲しがったことがあげられる。一九八九年当時、ポーランドには民営企業はまだほとんど存在せず、国有企業の私有化が大問題だった。その上、会社法も銀行もない中で、証券取引所の設立の話がすでに議論されていた。実際に株式取引のニーズが大きいかどうかにかかわりなく、まずアメリカの市場経済にある制度として欲しかったのであろう。

しかも面白いことに、一年後に実際にワルシャワ証券取引所が開設されるのだが、上場企業数は一桁台であり、そして取引所が置かれた建物はもとのポーランド共産党本部の建物だった。何のことはない。共産主義の象徴を資本主義の象徴へと看板を掛け替えただけだったのである。

日本でも似たようなことがありそうだ。とくに一九九一年のバブルの崩壊と共産主義の終焉の後で、アメリカ資本主義の勝利という話になった頃から、アメリカで発達したタイプの市場の制度的仕組みや市場インフラをなるべく取り入れるべき、という意見が強くなったように思う。いわゆる市場原理主義的な動きである。

そんな意見を述べる人の多くは「アメリカ出羽《では》の守《かみ》」と呼ぶべき人だ、とある評論家に教えられた。本当に日本の社会環境の中でその制度が機能するかどうかの論理的な議論はさておき、「アメリカではこうやっている」と言い募る人のことである。言い得て妙である。

しかし日本の場合、それはやめた方がいい。日本の事情に合った、そして市場経済のよさの本質に合致した、具体的仕組みを考えるべきなのである。そして、その具体的仕組みを考えるときには、次の方程式に合うように、仕組みを考えるべきである。

具体的な制度や仕組み＝原理×環境

これは、経営の制度や仕組みのあり方を考える中で私が到達した式であるが、経済の世界でも当てはまると思う。市場経済の具体的制度や仕組みを考えるときの原理とは、適者実験、優勝劣敗、報酬対応でいいだろう。環境とは、その国の社会環境である。だから、日本とアメリカでは、同じ市場経済の原理を使いながらも、社会環境の違いを反映して現実に生まれる制度や仕組みは違う部分があって当然なのである。

第11章

市場競争の二つの機能

競争の果たす機能はなにか

市場経済にとって、競争はつきもののように思われている。そして、競争を徹底することが市場メカニズムを機能させ、社会を効率的にするための第一歩だ、と当然のごとくに言われる。よく新聞をにぎわせている「経済の構造改革」の議論は、たとえば農業への参入規制の廃止とか、薬局業への規制の緩和とか、競争をより大きくする、より激しくするための構造改革案が出てくることが多い。

たしかに、市場メカニズムの下では、当然に企業間の競争が起きる。前章の最後に述べた市場経済の三つの特性にしたがって言えば、適者実験とは適者と自分で思う人がその市場の競争に参加することだし、そこでの競争の結果として優勝劣敗が判明する。そして、敗れた企業には、市場淘汰の運命が待っていることもある。競争に勝った企業へはそのリスクと努力に応じた報酬が手に入ることが、報酬対応という市場経済の第三の特性である。

しかし、競争とはそもそも何なのか。どんな役割や機能を果たしているから、これほどまでに市場メカニズムにとって大切と思われているのか。

経済学の教科書が競争の役割としてその論理を提供しているのは、市場淘汰と独占への牽制、この二つである。そして、この二つがなぜ社会的に望ましいかについての論理も、経済学は提供している。

市場淘汰とは、効率の悪い企業が事業採算が成立しなくなって市場から退場を余儀なくされる、ということである。それは、効率の悪い企業が社会の中の限りある資源を使い続けるというマイナスがなくなることで、だから社会的に望ましいということになる。

独占への牽制とは、競争があることによって独占が阻止され、あるいは独占ができるかもしれない企業にも勝手気ままなことをさせないという牽制が働く、ということである。そうして独占が生まれないようになることは、独占の弊害が発生しないという意味で、社会的に望ましいことだ、というのである。

では、独占の弊害とは何か。経済学が用意している論理は、次のようなものである。

独占企業は、需要者に他の選択肢がないのをいいことに、自分の利益を最大化するような高い価格をつけ、供給量を制限する。それは、「独占企業がすでにもっている効率性を最大限に利用して」もっと安い費用でより大量に供給すればより多くの需要者が喜ぶのに、それを妨害している、という意味で社会的に望ましくない。

じつは、直前の段落で鍵括弧をつけた部分が、独占的な存在になった企業に対して多くの人が日常の観察として不満に思うことと、異なっている。ふつうは「独占企業は内部にたるみが出て、非効率なことをやってそのコストを需要者に押しつけている」という不満が出てくるだろう。効率性を維持していて、かつそれを利用して暴利をむさぼる独占企業、というイメージはあまりない。

さらに市場の淘汰についても、たんに淘汰される恐怖だけで企業が努力をしているのではない、と思う人が多いのではないか。「競争が厳しいからもっと努力しなければ」とか、「競争に鍛えられ、切磋琢磨で自分の企業は発展した」など、競争が企業に刺激を与え、企業がより効率的になろうとする努力を後押ししている、という感じが出ていないのである。

こうした言葉のすれ違いが生まれる一つの原因は、じつは経済学の論理が、企業が十分に効率的な事業運営を行なっている、という暗黙の前提の上に作られているからである。だから、経済学の教科書では、非効率的な企業はただ淘汰されるだけ、退場を命ぜられるだけだから、それ以上は経済学は追求しない。

しかし、現実の企業はさまざまな非効率性を内部に抱えながら、しかしなるべく効率を高くしたいと努力している存在、であるのがふつうである。その努力を助けるための学問が、経営学であろう。

そんな「非効率を含んだ」企業にも、じつは市場競争というのは意義がある。より効率的な企業への変身を促進するための仕掛けとしての競争、という役割である。より効率的になって競合に優位に立ちたいという意欲を促進するための競争、と言ってもいい。

経済学が用意する論理の大半は、競争がもたらす社会的帰結についての論理である。それはそれで、いい。しかしここで私が強調したいのは、競争している企業自身へのインパクトという競争の機能である。それも、独占への牽制ばかりでなく、また市場淘汰への恐怖だけでもなく、むしろ企業内で発生しがちなたるみや非効率への警告としての競争、競争相手と刺激しあって効率が向上する、その刺激としての競争である。

それが現実の市場メカニズムの中での競争の機能としては、もっとも大切だと私は思う。

規律のメカニズムと相互作用のメカニズム

競争というのは、企業の間にあるだけではない。一般に、人間社会の中にはさまざまな競争が存在する。それらの競争は大別すると、「取り合いの競争」と「比較の競争」、にわけられるだろう。

たしかに財市場の企業の間には、まずもって需要の取り合いの競争がある。しかし同時に、需要の取り合いだけでなく、他企業との比較の競争もありそうだ。技術的にどちらが優れているか、という同一業種内での比較、あるいは経営効率はどちらがよさそうだ、という業種を超えた比較、いずれもありそうだ。

こうした二つのタイプの競争は、人間社会のさまざまな競争にもある。たとえば、受験競争の世界では、同じ大学の同じ学部を目指す受験生の間では、限られた入学定員をめぐって合格枠の取り合いの競争がある。しかし同時に、同じ大学を受けない受験生の間にも偏差値の比較という競争がある。企業内の人事昇進競争でも、類似の現象がありそうだ。

取り合いの競争と比較の競争という二つのタイプの競争の背後には、競争が競争者たち自身に与えるインパクトとして二つの異なった機能がある。それは、取り合いの競争がもつ企業に対する規律のメカニズムという機能と、比較の競争がもつ企業の間の相互作用のメカニズムという機能、この二つの機能である。

日米の違いという観点からあらかじめ以下の議論の方向性を述べておけば、日米それぞれで暗黙にあるいは常識的にとらえられている競争のあり方は、この二つの機能の比重という面で多少違うと思われる。アメリカの競争は規律のメカニズムに重点があり、そのメカニズムとして機能するように制度的仕組みが作られている。一方日本では、たしかに規律のメカニズムという機能は大切なのだが、企業間の相互作用のメカニズムも大切にしようと考え、制度的仕組みや慣行もその考えを反映している。

規律のメカニズムとしての競争は、取り合いの競争の機能である。それは、企業が需要を競争相手とゼロサムで取り合う、勝ち負けのメカニズムである。競争に負けた企業には需要を取り損なうという制裁が市場から下される。つまり、売上が減るという警告がくる。（ひどい時には市場そのものから退出せざるを得なくなるが、それが市場淘汰である）その制裁の脅威ゆえに、企業は需要者のニーズへの懸命の対応や効率的な事業運営をせざるを得なくなる。こうして企業の行動に規律を与えるように市場競争が機能する。

この勝ち負けの審判をつとめるのが、需要者である。自分たちに望ましい供給をしてくれる企業に需要を振り向ける、という形で審判となっている。だから、需要者が強い立場にたつことが、規律のメカニズムの源泉となる。となると、需要者の「購買決定権」あるいは「購買決定の自由度」（誰から買うかという決定）を強くすることが、規律のメカニズムを機能させるためにもっとも大切となる。それがないのが独占的状態だから、独占傾向は社会的に許すべきでないということにもなる。

さらに言えば、供給者である企業の数が増えることは、需要者の自由度が増えるという意味で歓迎すべきことで、競争促進の有力な手段となるのである。だから、参入障壁は低い方がいい。

一方、相互作用のメカニズムとしての競争は、比較の競争の機能である。そこでは、取り合いと制裁ではなく、競争者間の比較そして互いの優劣の確認のための当事者間の情報的相互作用、さらにはそこからの改善への刺激、などが競争の場で起きることが重要となる。

情報的相互作用とは、たとえば企業が開発する製品や生産プロセスについての技術的情報が市場競争を通して企業間で伝達されることで、そこからの改善への刺激とは競争相手に勝とうとしてさらなる開発努力を注ぐ、といったことである。こうして、競争相手の間の相互作用で、需要者に提供される製品の内容や価格が改善されていくのである。

比較の審判役は、需要者がしてもいいし、競争相手同士が審判役になる場合があってもいい。いずれの場合でも、比較において優位になりたいという欲求が、企業を顧客のニーズへの対応や効率的な事業運営へと駆り立てる。なぜ比較の優位を作りたいかといえば、需要の取り合いに勝つためということもあるだろうが、「他より優れたい」というより本源的な人間の欲求の場合もあるかもしれない。

こうした相互作用としての競争を促進するためには、需要者の購買決定権や自由度を大きくするだけでは不十分である。市場で、他社との比較と相互作用のための情報の流れが効率的に起きやすいように、競争者間で「場の共有」が起きることが肝要となる。そして、流れる情報をもとに市場という場がもつ「差異の識別力」を大きくすることが重要となる。

つまり相互作用のメカニズムという概念の下では、競争が活発である状況が望ましいのは制裁の手段を用意しやすいからではなく、比較の物差しが多数提供されるからである。ただし、そうした比較がひんぱんに行なわれる結果として、競争企業同士の間に横並び現象が発生することもあるだろう。

以上のような二つの競争のメカニズムの違いの議論をまとめたのが、表11-1である。二つの競争の現実的イメージとしては、すでに述べたように、規律重視がアメリカ型、相互作用重視が日本型、と言っていいであろう。

表11-1 二つの競争の違い

	企業の市場行動				政　策		
	参入・退出	相互作用の場づくり	独占的地位への欲求	横並び	企業数	参入障壁	企業間協調
規律重視	多い	作ろうとしない	大きい	少ない	増やそうとする傾向	低くする	認めない
相互作用重視	少ない	作ろうとする	小さい	多い	その傾向なし	とくに問題としない	認める

相互作用型競争のメリットと懸念

比較としての競争はもちろん、そもそも取り合いが根底にあるからこそ生まれるであろう。しかし、取り合って相手に決定的ダメージを与えるというところまで行かないで、空手で言う「寸止め」の状態にまでもっていって、比較で勝つという競争が案外と現実には多い、と私は観察している。

現実に相互作用型の競争が日本には案外多いとすれば、それは競争参加者によってこの型の競争のメリットが認識されているからであろう。そのメリットの主なものは、相互作用の結果として競争参加者が得る刺激であり、その刺激から生まれてくる新しい技術蓄積などの能力蓄積であろう。たしかに、日本の産業の戦後の発展の歴史を考えてみると、ある特定の企業だけが発展したというより、一つの市場に参加する多くの企業が全体として並んで発展したというケースが多い。

つまり、相互作用型競争のもつ最大のメリットは、産業全体の発展への貢献なのだが、そればかりでなく、現実に起きる競争の激しさという点でも、相互作用型競争の方が規律型競争よりも激しくなる可能性が十分ある。

なぜなら、規律型競争の世界では、需要者による購買決定権が強くなる傾向が生まれるため（取り合いの行方を彼らが決めるため）、その決定権から「逃避する努力」を企業がするようになるからである。その努力とは、たとえばセグメントの棲み分けを競争者間でしたり、特許などの法的保護の網の中に入ろうとしたりというものである。いずれも、自社の独占的影響力を部分的に強くしようとする行動で、その結果として市場に実際に残る競争は少なくなってしまうというパラドックスが生まれる。規律を重視すると、それを逃れようとして規律をいなすように当事者が逃避する結果として生まれる、パラドックスである。

他方、相互作用型競争では、競争している企業の多くに需要がある程度は回ってくるので、徹底的に棲み分けをしたりしない。だから、市場に残る競争の激しさはかえって大きいのである。

日米企業の利益率の格差（アメリカの方が高い）がしばしば問題となるが、それは規律型と相互作用型の国で最終的に市場に残る競争の程度の激しさを反映している部分がかなりありそうだ。日本の方が競争が激しい、だから利益率も日本の方が低い、という感覚をさまざまな産業で多くのビジネスパーソンがもっているのである。

したがって、こうした相互作用型競争のメリットを考えると、規律のメカニズムとして競争を考えるだけでなく、相互作用のメカニズムとしての競争をも考え合わせて望ましい市場競争のあり方を考える、というスタンスがあっていい。もちろん、規律型のよさも残したい。だから、相互作用重視だが、しかしきちんと規律の警告も存在する、というのがベストであろう。

ただし、相互作用重視だと、二つの負の側面が懸念される。

一つは、市場淘汰が不十分になる懸念。もう一つは、カルテル行為などの過度の協調への土壌が生まれる懸念である。

市場淘汰が不十分になる懸念とは、取り合いの競争が徹底しないことによって市場淘汰の原則が貫徹することが妨げられ、結果として淘汰されるべき企業も生き残ってしまう、ということである。そうなると、退出すべき企業や競争相手と統合されるべき企業が残り続け、企業数が多いままに相互作用型競争をやり続けることになる。

それは、誰も意図していないのに、市場に参加しているすべての企業の利益率を押し下げる効果をもってしまう危険がある。そうした低い利益率の状態のままでは、企業に投資意欲がわかないことも十分理解できる。第6章で成長しない日本のマクロ経済の中で、投資がいっこうに増えないことを指摘したが、じつは日本企業の国内投資が低迷を続けている背景の一つの構造的要因が、市場淘汰の不十分さかもしれないのである。

おそらく、さまざまな産業で事業統合が必要とされている。同じ市場の参加企業の数がもともと多いのが日本の産業の特徴であるが、それらの参加企業の大半が生き長らえている状態を改善するためには、市場淘汰の一つのパターンである事業統合による企業数の減少と残存企業の規模拡大が必要だと思われる。

第二の懸念である過度の協調への土壌とは、そうした土壌が相互作用型競争のプロセスの中からなかば自然に形成されるということである。たとえば、相互作用が企業間に大量にあるということは、自然に協調への話し合いの機会が多くなることを意味する。そこからついつい、価格についての話し合いあるいは暗黙の連携が生まれてしまう危険がある。そうした価格についての競争制限的な協定は、カルテル行為という独占禁止法違反となるが、それへの危険が生まれる土壌を相互作用型競争のプロセスははらんでいるのである。

これは、競争企業の間で協調への欲求がそもそも存在するのが自然であるところへ、協調を可能にする土壌を相互作用型競争の「場の共有」がもたらしていることを意味する。つまり、相互作用型競争のメリットとデメリットは紙一重なのである。その紙一重感覚を市場参加者のすべてが明確に意識した方がいい。

しかし、グローバル競争では？

私はこの章で、日本型の相互作用メカニズム重視の競争のよさを論じてきた。そこでは比較の競争が激しく、「寸止め」の取り合いの競争もあるのだから、日本の産業の競争は案外と激しいとも論じた。

しかし、それは国内の競争のあり方を考えたときの結論である。そうした競争に慣れ親しんだ日本企業が、グローバル競争にさらされることになったときには、別の心配をしなければならなくなる可能性がある。そこでは、二つの危険がありそうだ。

第一は、グローバル競争はじつは規律型中心に起きることが多いと思われるのだが、そうした規律のメカニズムに日本企業が十分に対応できない、という危険である。

たとえば、荒々しい需要の取り合い、それも価格だけを主な武器とする需要の取り合い、それに負ければたんにシェアを落とすというだけでなく市場から追い落とされる危険もある。そんな競争、経済学の教科書に書かれているような競争に対抗するだけの十分な用意があるか。

グローバルな競争とは、多くの国からの競争相手が一つのグローバル市場に集まって繰り広げる競争である。そこでは、相互作用型競争にはなりにくいだろう。なぜなら、相互作用を競争企業間でさまざまな次元で行なうためには、相互作用を可能とするような共通理解のベースが競争企業間でかなりの程度共有されている必要があるからである。つまり場の共有である。その共通理解のベースを、出身国や文化、国内市場のあり方そのものが異なる企業の間でもつことは容易ではない。日本型の相互作用型競争は、国内で自然に存在したそうした共通理解のベースがあってこそ、可能だったのだろう。

しかし、グローバル競争の場では、価格だけを基準にして需要者が厳しい審判役となる、といった規律型の競争になりやすい。カネの論理は万国共通だからである。さらには、相互作用のメカニズムに参加しようと思わない企業も出てきそうである。東アジアの企業にはその傾向が見られるようだ。だから、ますますグローバル競争は規律型競争になりやすい。

グローバル競争に日本企業が直面するときの第二の危険は、仮にある市場でのグローバル競争がかなり相互作用型の競争になるような状況でも、その相互作用の場にきちんと日本企業が参加できない危険である。

たとえば世界的に規格を定めなければならないような産業（典型例としては携帯電話産業）で、その規格を定める場というのは競争企業間の相互作用の場の典型である。そこで、日本企業がきちんと参加し、リーダーシップをとれるか。国際的な標準化でリーダー役となることが日本企業は苦手である、とじつはさまざまな産業で言われている。それは、グローバルな相互作用の場にきちんと入れていない日本企業の一つの例である。

グローバルな相互作用の場に日本企業の多くがきちんと参加できていない理由のうちで最大のものは、じつは言語の壁かもしれない。そうした場では英語が公用語になることが多いのだが、そこでの微妙な相互作用をリードするほどに英語をこなせる日本の企業人が少ないのである。アメリカ企業は母国語が英語だから、この点では得をしている。

グローバル競争の場でも相互作用のメカニズムとしての競争の機能を持ち続けるには、どうしたらいいか。簡単な問題ではないが、日本のグローバル企業にとって頭の痛い、しかし重要な課題である。

第12章

市場メカニズムと経済的格差

日本の所得格差は大きくない、だが……

競争はたしかにいいけれど、競争に敗れた人はその後どうなるのか。とくに労働市場で市場メカニズムが十分に機能すると、人々の間の競争の結果として経済的格差が国の中に生まれてくるのではないか。その格差の誕生は、社会全体として望ましいことなのか。この章では、これらの疑問について考えたい。

経済的格差問題の中心は、おもに労働市場での市場メカニズムの働きの結果として決まってくる、所得分配の問題であろう。じつは前章で扱った競争の問題は、おもに財市場での供給者としての企業の間の「競争」の問題であった。この章では労働市場での供給者としての家計への所得分配の結果として生まれる「経済的格差」を問題にし、そして次章では金融市場での「投機」(あるいは金融市場と連動して起きる投機)、をそれぞれ扱う。競争、格差、投機、いずれも市場メカニズムにからんで多くの人が興味をもつトピックと思われる。

所得格差は、社会的にしばしば大きな問題となりやすい。それは、所得格差(貧しい家計と豊かな家計の間の所得の格差)が民主主義社会の個人の平等の概念に反するような社会現象だからであろう。したがって、政治的な問題になることが多い。

それだけでなく、純粋に経済だけの見地からしても、所得格差の拡大は経済成長を損なう、という議論がある。下位所得層が教育投資を行なえないために、第7章で成長促進要因の一つとしてあげた「労働資源の質的向上」が妨げられるから、というのがその論理である。

この二〇年間ほど、日本における所得格差の拡大がしばしば議論されるようになった。むかしは国際的に見ても平等な所得分配で有名だった日本で、所得格差が拡大しているというのである。

一つの国の中の所得格差の程度を測定する指標としては、ジニ係数という所得の不平等度の指数が用いられることが多い。指数のくわしい説明は省略するが、ジニ係数はゼロと1の間の値をとり、この値が小さければ所得格差は小さく、大きければ所得格差は大きいと言える。

この係数で測った日本の所得不平等度は、二〇〇九年データ(これが最新のOECDデータ)で〇・三四で、一九八五年の〇・三二より若干上がっている。OECDのレポートによれば、日本の所得不平等度はＯＥＣＤ加盟国全体の平均よりほんの少し高いが、アメリカよりはかなり低く、ヨーロッパ諸国よりはやや高い。アメリカの不平等度はこの二〇年間ほぼ一貫して上昇しており、一九八五年には〇・三四だったものが、二〇一四年には〇・三九になっている。

日本では、一九八〇年代以降一貫して所得不平等度が拡大しているという指摘が多い。その理由を調べた専門家の見解によれば、不平等度拡大の主要要因は人口高齢化であり、同一年齢世帯の内の所得格差はほとんど拡大していない、ということである。つまり、人口全体の高齢化によって高齢世帯の数が増え若年世帯の数は減るため、所得の多い高齢世帯の比重が数的に大きくなっている。そして、もともと高齢世帯の所得格差は若年世帯の格差よりも大きいため、同一年齢層の中での所得格差はとくに拡大していないのに国全体で計算される不平等度は拡大しているという計算結果になる。

おそらく、ふつうの人が実感として感じる所得格差のイメージの一つは、同一年齢層の中での恵まれた人と恵まれない人の間の所得の違いであろう。その点では日本の所得格差はほとんど拡大していないにもかかわらず、所得格差の拡大が議論の対象になる。その理由は、たしかに高齢化とともに計算されるジニ係数の値が上昇傾向を示しているためではあろうが、もう一つの理由はそれだけ日本が所得の平等に敏感な国だということであろう。

その敏感さは、社会的にも望ましいことであろう。しかしだからといって、格差ゼロ社会が望ましい社会の姿かどうか、議論の余地がある。しかも、所得格差の拡大を問題視する意見がしばしば「それは市場メカニズムがいけないのだ」というような、市場メカニズム否定の見方を背後にもっている。本当にそう考えていいのか。

だから、市場メカニズムの本質的なよさをあらためて所得格差（あるいはより広く経済的格差）の問題とからめて考えてみる必要がある。それが、この章の目的である。

市場メカニズムが内包する、格差拡大のプロセス

市場メカニズムの三つの特性を私は第10章で、適者実験、優勝劣敗、報酬対応と表現した。この三つの原理が作動すると、個人や企業という経済主体の間に格差が生まれ、そして生まれた格差が拡大していくプロセスが動き出してしまう可能性が高い。その結果、所得格差はたしかに拡大する傾向を理論的にはもつだろう。

その理由は二つある。一つは、じつは市場メカニズムは小さな初期条件の差を加速するプロセスとして機能すること。第二の理由は、格差是正のプロセスが市場メカニズムの下では自動的に作動することがかなり難しいということである。

まず、初期条件の小さな差の拡大というプロセスを考えよう。

経済を構成するさまざまな主体の間で、情報、能力、保有資源などにまったく差がないということは、現実にはあり得ない。さまざまな理由で、何がしかの差が存在するのが普通である。しかし、初期条件のその小さな差が長い時間の後には大きな結果の差となって表れ、結果として格差拡大が加速することが多いと思われる。

たとえば、少しの情報優位や能力の優位をもとに何かの事業を始める企業や仕事を求める個人を考えてみよう。その優位を活かそうとするのは、適者実験という市場メカニズムの特性にかなっている。その小さな優位の上に努力を重ねれば、優勝劣敗の原則で勝利することができ、その勝利には報酬対応がきちんと行なわれる。その結果、勝利した企業あるいは個人は大きな経済成果（つまりカネ）を獲得することになる。また、実験の努力のプロセスで、さまざまなことを学んで、ますます情報優位、あるいは能力優位になる可能性も高い。人も企業も、仕事の厳しい場で学ぶのである。

そして、労働市場でも財市場でも、市場競争は一ラウンドで終わるわけではなく、二ラウンド以降も続いて行く。だから、第一ラウンドの勝者は次の第二ラウンドでの適者実験の資格をますます持っていることになる。情報的、能力的優位だけでなく、資源的優位（使える資金量が大きい）も勝者がもつことになりそうだ。だから、第二ラウンドでも優勝劣敗の原則に従って第一ラウンドの勝者が勝利する可能性が高い。そこでまた、報酬対応ということになる。

こうして、勝者には経済成果が積み上がって行く可能性がかなりあるのである。これが、小さな初期条件の差が長い時間の間に拡大されていくプロセスである。だから、所得格差が拡大する。

しかも、こうして格差が拡大しても、それを是正するメカニズムが市場メカニズムの中に十分に内包されているわけではない。

格差拡大がストップするには、三つのパターンがある。第一は勝者がおごりとたるみのため、努力をいずれは怠るパターンである。たしかに成功が続けば多くの人間がおそらくたるみを多少なりとも持つようになるであろう。しかしその時点までに積み上げた格差が相当の期間長続きしそうである。つまり、格差の拡大はストップするあるいは縮小に転じるかもしれないが、格差は存在し続けるのである。

格差拡大が止まる第二のパターンは、市場メカニズムの外からの外生的な介入が入ることである。たとえば、政府の介入がその典型であろう。さまざまな所得再分配政策を政府がとるのである。たとえば、所得税を累進課税にする、相続税を高率にして富んだ人の子孫が富み続けないような工夫をする、という税制上の措置がその一例である。

格差拡大ストップの第三のパターンは、格差で劣位にある人々が市場メカニズムのよさを使って、自らが上層へと移動するプロセスに成功することである。自由な実験を許し、実験の成功には報酬が渡るはずの市場メカニズムなのだから、そうした「下からの」格差是正メカニズムがあってもよさそうである。

下からの格差是正メカニズムの難しさ

しかし、その「下からの格差是正メカニズム」が作動するための条件が整うかどうか。市場メカニズムの世界では案外難しい。

下からの格差是正とは、不利な状況から出発した経済主体がさまざまな意味で自ら「育っていく」ことによって、その不利な状況を克服していく、能力を高めていく、情報や資源を蓄積していく、ということである。その蓄積によって、格差是正に資する経済的成功へのプロセスを起動できる。

しかし、このメカニズムで肝心なのは、下層から出発する人が何らかの「適者」として育つまでに「必要な余裕」が与えられることである。その余裕を、じつは市場メカニズムはあまり与えてくれない。だから、下からの格差是正メカニズムはそれほど一般的な現象とはならず、社会全体での格差是正にまではなかなか至らない。

なぜ、市場メカニズムの下では育つまでに「必要な余裕」が与えられにくいのか。そこでは二つの「必要な余裕」が揃わなくてはならないからである。二つとも揃うのが難しい。

第一に必要な余裕は、適者として育つまでに必要な資源の余裕である。第二に、育つプロセスには不確実性と多少の失敗がつきものであろうが、その失敗から回復するための余裕である。この二つの余裕を市場メカニズムはしばしば与えてくれない。

第一の資源の余裕は、そもそも下層部から出発する経済主体は初期にはもっていない。だから、どこかから資源を獲得してくる必要がある。その獲得に手を貸そうとする他者は少ないだろう。

さらに、市場メカニズムの優勝劣敗という原理は、育とうとする人が小さな失敗をしてもそれを「劣敗」として罰する危険がかなり高い。小さな失敗は不確実な世界で経済活動をしていれば、起きるのが当然である。一つのそうした小さな失敗が、資源蓄積を持たない「育とうとするもの」にとっては命取りになってしまう。恵まれた人なら持ちこたえられるような大きさの失敗が、下層部から出発する人の多くには耐えられないのである。

こうして、育つために「必要な余裕」を市場メカニズムの原理は与えてくれない。だから、格差是正を市場経済で目指したければ、この二つの余裕を与えるような意図的政策がどうしても必要となる。しかし、そうした政策へは、市場原理に反すると反対する人が出てくるだろう。だが、社会全体のことを考えれば、下からの格差是正メカニズムを機能させるための政策の重要性は大きいと思われる。

格差がもたらす順機能と逆機能

以上の議論では、格差が拡大する理論的傾向が市場メカニズムの下ではあると論じてきたが、実際に日本では格差拡大現象が実質的に大規模に起きていないのだから、政府の所得再分配政策などがある程度成功しているのであろう。

しかしそもそも、市場メカニズムの結果として生まれる格差がつねに社会的に望ましくないのか。むしろ、「ある程度」の格差は望ましい可能性が十分ある。

格差がよい働きをする、つまり格差には順機能（プラスの機能）がある、と言う論理は、基本的には格差の存在が人々の努力へのインセンティブとして働くという論理であろう。それは、格差の下の層に該当する人から見ても、上の層に該当する人から見ても、成立する論理だと思われる。

格差の下の層から見れば、格差があるからこそその差を縮めようとする努力が生まれ得る。人々ははい上がろうとする努力をする、と言うのである。その努力へのインセンティブが生まれれば、適者実験がハングリー精神をもって始まる。その実験が優れていれば、優勝劣敗の原理によって、そして報酬対応の原理によって、下積みから上層へと上がれるのである（ただし、それが簡単ではないことは、前節で論じた通りであるが）。

格差の上の層から見れば、自分が上から下へと転落しないようにさらなる努力を注ぐためのインセンティブとしてこの二つの原理が作用する、とも言えるであろう。

格差の逆機能（つまり社会的に望ましくない働き）もまた、格差の上の層から見ても下の層から見ても、それぞれに存在すると思われる。

格差の上の層から見て、格差の存在が逆機能をもつということは意外かもしれない。しかし、人間は努力をつねに行ない続けるものでもなく、また恵まれることによって傲《おご》りも生まれることが十分ある。そうなると、上層の人が非合理的な行動をとる可能性が生まれ、それによって社会的に資源の浪費が起きる。その浪費が、格差の逆機能になる。

格差の逆機能はしかし、格差の下の層に位置する人々のことを考えると、より深刻であろう。そこには大別して三つの問題がある。第一に、下層の人々の機会の欠如。第二は、格差が生み出す社会的不満の鬱積。そして第三に、下層の人々の救済のための社会的コスト。

「下層の人々の機会の欠如」の典型例が、教育機会の欠如であろう。人々が教育を受けるには、それなりの資源が必要となる。その機会をもつために必要な資源すらもそもそも持てないような恵まれない状況に、下層の人々が追い込まれる危険がある。

第二の問題は、自分が社会的に恵まれない位置にいることが多くの人々にとって不満の種になることである。そして、不満を持った人々の政治的行動を生み出したりする。その政治的抗議が政治的不安定を国の中に作り出し、さまざまなマイナスの波及効果を社会全体にはもたらしてしまうことがある。

第三の問題は、そうした恵まれない人々を救済するためのさまざまな社会的行動が社会全体としてはコストとなってしまうことである。もちろん、恵まれない人々を放置せずに救済するのは望ましいことだが、救済にはコストがかかる。そのコストは、そもそもそうした層の人々が大量に発生さえしなければ社会全体としては払う必要のなかったコストである。

こうして、格差の上層部に位置する人々と下層部に位置する人々がそれぞれに抱えるさまざまな事情を考慮して、格差の順機能と逆機能を総合的に考えれば、「ある程度の格差の存在は社会的にも望ましい」という命題が十分に成立し得る（ただし、格差の程度が激しくなると社会的にはマイナスの方が大きくなるであろうが）。

しかしある程度の格差の存在は望ましいという結論を出すと、ある程度とはどの程度か、という問題が出てこざるを得ない。

この「程度問題」への答えは、二つの要因によって決まるだろう。一つは、格差の順機能と逆機能のそれぞれの大きさである。単純にたし算引き算ができるような性質の問題ではないが、どの程度の格差ならネットで順機能が逆機能を上回るか、ということである。少なくとも、格差ゼロが望ましいという結論は、順機能と逆機能の論理全体を考えると、成立しにくいであろう。

程度問題を決める第二の要因は、社会全体の格差への許容度あるいは感度であろう。仮にある大きさの格差が存在することが機能面ではプラスが大きいとしても、社会全体の心理的反応としてそうした格差の存在を望ましくないと感じる人が多いということは十分あり得る。それは、他者の状況への感受性の問題と言えるが、その程度は国によってもさまざまな理由で違いそうであるし、一つの国でも歴史的状況のありようで時間的に変化することが十分考えられる。

格差への社会的許容度と共同体の原理

そうした経済的格差への社会的許容度を決める要因として私が重要だと思うのは、共同体の原理の浸透度である。共同体の原理とは、人と人とが共同体を作っているからこそ社会が成立していると考え、その共同体を維持しようとすることが大切だと考える原理である。また、人と人との関係を経済的な関係だけだと捉えず、心理的な絆をベースにした関係も重要な関係と考え、そうして生まれる共同体が維持されていることが社会生活を安定的に推移させるために重要だと考える原理でもある。その原理が、社会全体としてどの程度まで共有されているか。それが浸透度である。

そうした共同体の原理が、企業組織や市場関係という経済的関係に見える人間の集まりにもかなり色濃く反映されてきた、つまり共同体の原理が経済社会にも浸透している程度が高い、それが日本の一つの特徴だと思われる。

企業組織で言えば、企業は「労働サービスをカネと引き換えに渡す場所」以上の役割を果たしている、と多くの人が自然に考えている。それは、人々が勤めのために長い時間を会社組織の中で過ごし、また共同作業をしようとすれば、否応なしにそこに人間関係が生まれ、共同生活が生まれるからである。勤めは、自然に社会生活の場である職場共同体をも企業の中に生み出す、と考えるのである。

市場における取引関係も同じである。同じ相手と継続的に長く取引をしていれば、そこには一種の取引共同体のようなものが疑似的にせよ生まれてくる。だから日本企業の多くは取引先との共存関係を強調して、さまざまな組織を作りたがる。さらに、相互協力し合って親睦を深めることで、系列的な長期関係も生まれる。ここでも、市場関係でありながら、共同体の原理もまた生かそうとしているかに見える。

こうした共同体の原理をベースに経済的格差のある社会を見れば、本来は平等であった人々の間に格差が生まれている、と現実を把握することになる。そして、それが経済的に仕方がない部分もあることを認めつつ、しかし過度の格差を避けようとする。共同体の維持が難しくなるからである。つまり、共同体の原理が社会に浸透していると、経済的格差への社会的許容度は低くなりそうだ。

それが、現在の日本の姿ではないか。案外、欧州もかなり日本に近いようだ。

それと比べると、アメリカは共同体の原理の成立しにくい国で、したがって格差への社会的許容度も高い国のように思われる。そして、アメリカという国で共同体の原理が成立しにくいのは、アメリカという国が意図をもって国家を作ろうとした人工国家であるという建国以来の歴史がからんでいそうだ。

アメリカ建国のプロセスは、「古い社会や圧政から逃れるために」、いくつかのヨーロッパ諸国から人々が自らの祖国を退出して、新たにアメリカという国に「参加」して国が作られたというものである。そしてその後もアメリカは、世界のあちこちの国からアメリカ人になりたくて「意図をもった参加」をする、移民の国であり続けてきた。その意味で、日本や多くの欧州諸国のように、同一あるいは類似の民族の人々が地理的に集積していたために自然に生まれた国、自然国家とは違う。

日本人にとっては、日本という国はどこかを逃れた後に「参加」するものとはなっていない。大半の日本人にとって、日本という国は生まれたときから自然に「所属」していたものなのである。そして働くことになる企業への所属感覚も、多くの日本人には自分で意識しない内に、自然に生まれているのであろう。つまり、共同体意識の生まれやすい国が日本なのである。

そんな国でも、市場メカニズムは動いている。しかし、その動き方は、国の成り立ちの影響を受けて、アメリカなどとは自然に異なってくる。所得格差への社会的許容度の違いは、市場メカニズムのもたらす事態への二つの国の反応の違いの奥の深さを、象徴しているようだ。

第13章

投機という市場経済の「業」

市場に投機はつきもの

市場メカニズムとは、価格を中心指標として需給調整が行なわれるメカニズムである、とたびたび私は書いている。その価格の変動が激しい市場では、投機が起きやすい。

たとえば、図7-2で紹介した世界の原油市場での価格のグラフを思い出してほしい。二一世紀の最初の一五年間の原油価格の乱高下は、異常なほど激しい。原油の実需がこれほど乱高下したとは、誰も思わないであろう。誰かが先々の価格の高騰を見込んで、実需でない仮需を市場へ出した。その結果、価格が上がった。しかし、先々の見通しが変わると、一気に売りが出てくる。こうして価格が乱高下する。

この原油の例は、投機需要の乱高下によって価格の大変動が起きた典型例である。しかし、原油ばかりではない。株式や通貨という金融商品の市場でも価格は乱高下する。穀物市場、石油・石炭・鉄鉱石などの鉱産物市場、化学素材市場、繊維市場、古紙市場、海運の船舶市場、そしてもちろん不動産市場など、日常的に取引市場が存在して値動きのかなり激しい財の市場では、投機が起きやすい。市場メカニズムが価格による需給調整のメカニズムという側面をもつ以上、投機はほとんど市場につきものなのである。

しかし、そうした投機も、しばしば投資という「健全に聞こえる」言葉で表現されることが多い。しかし、二つの言葉の意味の違いにわれわれは注意を払う必要がある。

投資とは「将来に経済的果実を生むことを期待して資本を投入すること」である。長期的視野をもった経済行為である。投機とは「短期的な価格変動を利用して、売買差益の利ざやを得ようとすること」と表現できる。

二つの言葉の違いは、一つには時間的視野の違い（投機は短期的視野）であり、もう一つは生まれる経済的利益が投機の場合は同じ商品の売買差益であることである。投資の場合は、研究開発活動に投資をして、製品のイノベーションを成功させて利益を得る、という風に、生まれる利益はたんに同一商品の売買差益だけではなく、多様な形をとり得る（もちろん、不動産に投資をして長い期間の後にそれを売ることによって利益を得る、というような長期的売買差益をも投資の経済的果実に含んでもいいが）。

投機が市場につきものとなる理由は、市場取引の場が発達していて市場の価格が変動するから、その価格変動を利用して売買差益を得ることが簡単になる、あるいは少なくとも簡単に見えるからである。だから、欲の皮の突っ張った人間がついつい値ざやで儲けようとするのである。そして、投機が価格の動きをさらに激しくする。

価格がそもそも変動する理由はその時々の需給のバランス調整のためなのだが、しかし市場に生まれる需要は実需ばかりではない。実需とは、本当にその財自体が必要だという需要で、たとえば石油精製のための原油需要、貿易決済のための通貨需要、などである。しかし、市場に需要として登場するのは、仮需と言われる将来の転売を目的として今その財を手に入れようとする需要も多いのである。この仮需の多くが、投機需要である。転売とは売買差益を手に入れるために売るという行為であることがふつうだからである。

その投機は、市場メカニズムの業《ごう》のようなものである。その理由は二つある。一つは、「つきもの」なのだから、存在自体は当然なのである。いやでも、投機は起きてしまう。禁止することもできないし、また望ましくもないだろう。

第二に、投機はしばしば悲惨な結末をもたらすことがある。だから、業と呼びたくなる。しかも、投機の被害は、たんに投機に失敗した人に大きな損害が発生するというだけでなく、社会全体にも及ぶことがある。日米のバブル崩壊という、不動産投機の失敗をきっかけにそれぞれの国の金融システム全体が機能不全になってしまったというのは、そのいい例である。

投機の陰に金融市場があり、投機は暴力装置となる

投機の背後には、金融市場での投機家への資金供給と金融市場そのものでの投機があることが多い。第8章で説明したように、バブルの発生の起点は、不動産という財市場での投機を金融市場のカネ余りがあおったことだった。それにつられて株式市場でも投機が生まれ、さらにバブルが膨張し、最後には破裂した。財市場での投機の発生と金融市場の動きが密接にからんでいた。

その背景には、財市場での投機には資金がいる、という素朴な事実がある。投機をするためには、まず財（たとえば不動産）を買うことがふつう必要だが、そのための資金は金融市場が貸付などという形で供給することが多い。しかも、そうした投機資金の供給メカニズムは、ほとんど自己供給メカニズムと呼べるようなものになる。投機家が資金を借り入れるために必要な担保を、投機対象商品の価値そのものが提供するからである。

だから、投機が始まって財の価格が上昇し始めると、ますます投機資金の借入が増やせることになる。担保価値が上昇するからである。それは、金融市場の市場取引慣行（この場合は担保貸付）が投機の拡大に手を貸している、ということである。そして、最後に投機が失敗すると、担保価値も暴落して、金融市場が不良貸付問題に悩まされることになる。それが、バブルの崩壊で起きたことの本質だった。

もちろん、金融市場で取引されている金融商品（通貨、株式、債券、など）でも、しばしば投機が発生する。つまり、金融市場自体にも投機が多く、また財市場での投機にも金融市場が不可欠の役割を果たしている。投機と金融市場は、二重三重にからみあっている。

そして、金融市場での投機が大規模になると、一種の暴力装置のようになってしまう危険も大きい、と思われる。暴力装置という言葉に、私は二つの意味を込めている。一つの意味は、歯止めが効かなくなり、暴走してしまうことがかなりあること。もう一つの意味は、投機のインパクトがしばしば破壊的な大きさになること。だから、投機はそれ自体が暴走し、かつ破壊的インパクトをもたらす暴力装置となるのである。

金融市場での投機として典型的なのは、株式市場、為替市場、不動産市場と貸付市場がからんだ場合（バブルのようなケース）などであろう。そこでは、なぜ投機の暴走が起きがちなのか。

主な理由は、三つほどありそうだ。第一に、一回の取引の規模の拡大が容易だからであろう。その背後には、信用取引などの仕組みが整っていることもあるだろうが、さらに本質的なのは、発注規模を一桁増やしても最後の決済の際の決済可能性が資金準備だけで済むからであろう。他の商品（たとえば原油）なら、取引の決済の際に最後の最後はその商品を用意しなければならないことが多い。その物理的可能量には、当然限界がある。しかし、金融商品の場合は、コンピュータシステムでゼロを一つ増やすだけで一桁大きい取引決済ができる。

暴走が起きがちな第二の理由は、投機が拡大して行くとシロウトが巻き込まれることが多くなることである。自由な株式市場や為替市場でもそうだし、不動産市場でもシロウトが参加者として登場する。プロならば知っている収めどころを知らないシロウトが多くなると、つい暴走が止まらなくなる。

さらに暴走が起きがちな第三の理由は、金融市場でのさまざまな金融商品にはある意味で互換性・比較可能性が高く、一つの投機から生まれる価格上昇期待が伝染病のように他の商品に拡がる危険が大きいからである。

こうして歯止めが効きにくくなって投機が拡大して行く可能性があるのだが、投機だからそれはどこかで終焉せざるを得ない。その時に投機の対象になっているのがカネにまつわる商品だから、金融市場での投機の終焉によってカネという経済の血液が回らなくなる危険が大きい。だから、インパクトが多数の人間に及び、破壊的になる。バブルの崩壊の時に、不良債権を抱えた銀行だけに問題があったのではなく、その銀行が決済システムの要であったがゆえに経済全体が被害者になりかかったのである。

また、為替市場での投機の攻撃にさらされると、その通貨の国の金融政策が大変更を迫られることもある。その政策変更によって、経済全体が大きなインパクトを被る。実際に一九九二年のポンド危機の際には、そうした事態が起きた。有名なヘッジファンド経営者だったジョージ・ソロスがきっかけを作った、イギリスのポンドへの投機攻撃の結果、ポンドへの市場介入策としてイギリス政府は公定歩合をきわめて短期間に一〇%から一五%まで上げざるを得なかった。

こうした国家レベルの破壊的インパクトだけでなく、たとえば為替投機で短期間に円高が進行すると企業の利益額が大きく変動してしまう。実業としての事業活動そのものは変動していないのに、通貨換算の率である為替の大きな変動で売上額などの数字に大きな変動が輸出型企業を中心に出てしまうのである。経営者からすれば、こうした投機は暴力装置のように思えるだろう。

株式市場は投資よりも投機の場

為替市場では、貿易決済や資金決済のための実需の比率が毎日の為替取引高の一割だけとも二割だけとも言われている。それだけ投機需要が多いのである。

その事情は、株式市場でも同様であろう。デイトレーダー（同じ株式の買いと売りを一日のうちにしてしまう人）という言葉に代表されるような、「売買差益」だけを目指す投機需要の占める割合はかなり大きいと思っていい。それを示す一つのデータが、株式市場での売買回転率である。

売買回転率とは、一つの株式市場での年間の売買代金総額をその市場での上場株式の時価総額で割った数字である。それがたとえば二であると、一年間で時価総額の二倍の売買取引があったということで、すべての株式の平均で平均保有期間が半年だったということになる。

大和総研の調査（大和総研「Economic Report」二〇一二年一月一二日）によると、図13-1で見てとれるように、日本の一部上場株式では二一世紀に入った頃から海外投資家と個人（家計）の売買回転率だけが大きく上昇した。その結果、二〇〇五年から二〇一〇年までの平均的な姿とし

図13-1　主体別売買代金回転率

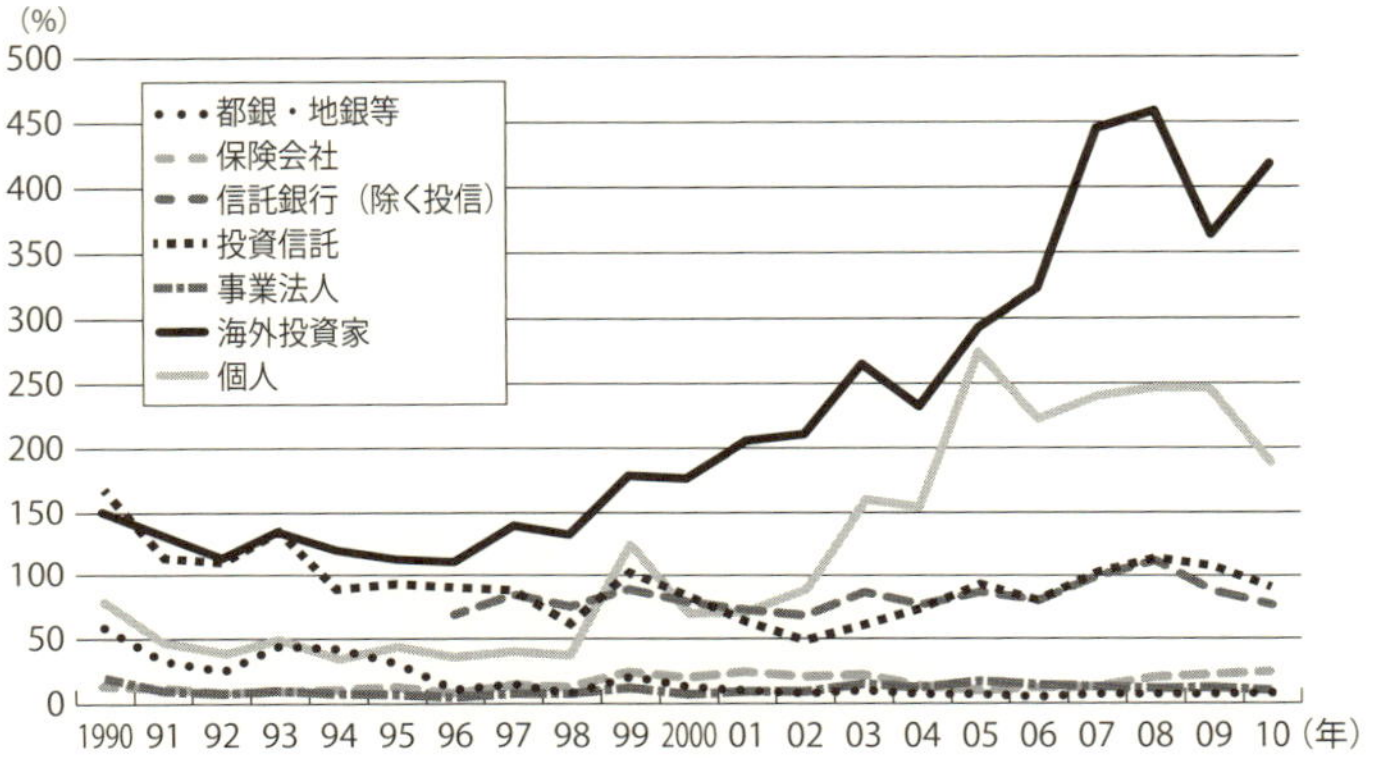

（注）投資主体別売買代金（東証1部）÷投資部門別の市場1部の株式保有額の当年度末と前年度末平均。
市場1部とは、東証、大証、名証の市場1部
（出所）東証より大和総研作成

ては、海外投資家の売買回転率が四程度、個人の売買回転率は二程度となっている。一九九〇年代には、海外投資家の売買回転率は一・五程度、個人のそれは〇・五程度であったのが、これだけ上昇したのである。他の株主の売買回転率はまったく変わらないか、むしろ下降気味である。

つまり、この一〇年ほどは、海外投資家の株式平均保有期間は三カ月、個人は半年程度なのである。これは、投資というよりも売買差益目的の投機的株式売買が中心といっていいだろう。しかも、海外投資家が保有する株式は日本市場全体の三〇%程度で少し上昇気味、個人の保有比率は二〇%強で安定的である。つまり、日本の上場株式の五〇%を保有している投資家が短期保有の投機的目的中心の株式保有と見られる。

そして、彼らが市場の価格形成に及ぼす影響は大きい。売買全体に占める彼らのシェアが高いからである。この一〇年ほどの平均的姿は、海外投

資家の売買代金シェアが六〇%程度、個人のシェアは二五%程度である。つまり、市場取引の八五%がこうした短期保有傾向が強い株主による取引なのである。

その意味するところは、日本の株式市場での価格形成は大半が投機目的の取引によって決まっている、ということである。データを示す紙幅の余裕はないが、ニューヨーク株式市場は東京よりもかなり平均売買回転率が高い。最近のニューヨークでも投機目的の株の売買が株価を決めている、と考えて差し支えないであろう。

しかも、株式市場の実態が「投機市場」であって「投資市場」ではない面を色濃くもっているというのは、今に始まったことではない。

たとえば、日本では銘柄という言葉を各企業の株式を表現する言葉として使う。明治の頃からのことである。そしてその語源は、大阪・堂島の米取引所でつかわれていた米の種類の区別としての銘柄だという。米取引は、決して投資の市場ではなかった。流通取引とそこから自然発生的に生まれた投機の市場であった。それと同じイメージで、明治の先人たちは株式市場を捉えていたのである。

そして第7章で説明した日本の高度成長期には、日本の株式市場はニューヨーク市場と比べてはるかに売買回転率の高い市場だった。しかしその後に、ニューヨークの売買回転率が上昇傾向を長期に続け、結果として現在ではニューヨークの方が売買回転率が高くなったのである。この高度成長の時代に日本の株式市場はじつは企業の成長資金の調達市場としては小さな役割しか果たしていなかった。それと考え合わせると、当時の株式市場もまた投機色の濃いものだったと考えるのが自然であろう。

そして、投機家が過大な影響力をもつ

こうした投機目的の株式取引が市場の大半を占めるという状況の中で、株式市場志向のコーポレート・ガバナンスをすべき、だから株主の声を聞け、と言われてしまうと、「投機家の声を聞いていて企業経営ができるか」と経営者がひそかに心の中で反論したくなるのも、十分理解できる。

たしかに、長期に企業にコミットして、命の次に大切なお金を投資している投資家の声には、経営者は真剣に耳を傾けるべきだろう。しかし、株式市場の声は投機家の声が中心になってしまっていないか、という懸念があるのである。

むろん、株式市場への参加は誰でも自由だから、投資家と投機家の間の線引きは難しい。だが、現在の日本の株式市場で売買している人々の多くが、数カ月あるいは半年単位で利ざやをとる行動をしているのは、本当に投資という言葉の本来の意味に沿った行為なのか。機関投資家と称する人たちの多くもまた、こうした意味ではじつは「投機家」で、正しくは「機関投機家」と表現されるべき人たちも多いのではないか。

しかし、会社法も証券取引関連法規も、「投資家」をイメージして、「投資家」に権利を与え、「投資家」を保護するように作られている。とくに会社法は株主に企業の支配権を与えている。

株主総会での議決権である。だが、こうした法制度が権利を与え、保護しているのは、実は投資家だけではなく、外形上は区別がつかない投機家もまた同じ権利を持てる。そこに問題の本質がある。

投機家が投資家とほとんど同じように株主総会での議決権をもつことから、投機家はその議決権を錦の御旗にして、株価上昇のための材料を企業が提供することを要求することができる。たとえば、大量の資金が有効に利用されずに現預金として保有されているから、それらを即座に配当として株主に還元すべし、というような株主提案である。

ふつうの投機は、ある商品の価格の行方について市場の平均的予想とは異なった予想を持つ人が、その予想を生かして売買差益をねらうために資金投入することである。しかし、株式市場での投機家は、売買差益狙いを自分のもつ情報の優位性をもとに狙うばかりでなく、株価上昇へと誘導するような行動を自分がとることも堂々とできる。その誘導行動の力と正当性の源泉が、会社法が株主に与えている議決権という企業支配権なのである。

もちろん、市場が企業経営に規律を与えるという株式市場志向ガバナンスには、説得力もある。ふつうの財の市場で、経営の緩い企業に競争の鉄槌が下る、というのと同じ説得力である。しかし、株式市場による企業経営への規律は、じつはそれ以上の「強すぎる」規律になりがちな本質をもっている。

製品やサービスを売っているふつうの市場が企業に与える規律とは、顧客が競争相手の製品を買ってしまって、自社からは退出するという脅威がもたらす規律である。それを「退出」による規律づけと呼んだのは、この本でもたびたび引用しているアルバート・ハーシュマンであった。退出の脅威は、じつは経済学での市場競争の意義の根幹である。

株式市場でも、もちろん退出の脅威はある。株主がその企業の株主であることを止める、つまり株を売るという脅威である。それが株価の低下につながり、さまざまな不都合が起きる。たとえば、増資による資金調達はより難しくなる。さらには、企業全体が買収されやすくなるという脅威も出てくる。経営には「退出」という市場からの警告が届くのである。

しかし、会社法が株主に企業の支配権を与えているために、株主は退出の脅威を越えて、発言の脅威をももつことになる。株主が、退出という間接的な手段ではなく、企業の改革について、あるいは企業の資金の使い方についての発言を直接できるのである。「発言」という概念も、ハーシュマンが組織体への警告のメカニズムとして退出と並ぶ手段と位置づけたものである。

ふつうの製品市場で顧客が企業の経営改革の発言をしても、法的な正当性の根拠はない。しかし株主の場合は、会社法がその権利を与えている。だから、利ざや稼ぎ目的の投機家が大量に株式を保有していることを背景に、株価誘導的な改革要求を企業にしても、真の経営改革のための発言とは外形的には区別しにくい。

つまり、株式市場がもたらす経営者に対する市場の脅威は、二重にある。退出の脅威と発言の脅威である。発言の脅威というふつうの市場原理からは生まれない脅威を可能にしているのは、会社法が株式という財産権証書に付帯させた「株主総会議決権」という権利である。

こうして株主が株式市場では「退出」と「発言」という二つの経営への警告の手段を正当に

もっているということが、株式市場では投機家が過大な影響力をもつ危険がある、と私が考える理由である。

問題の根は、じつはさらに深い。企業の支配権とは、たんに企業財産の処分権だけに止まらない意味をもつことも忘れてはならない。企業とは、財産の集合体であると同時に、そこに働く人々の人間集団であり、共同体でもある。だから企業支配権は、その人間集団の運命を左右する権力をも意味することになる。

その支配権を自由に売買する市場が株式市場である。だから、人間集団の運命を支配する権力である企業支配権が自由に市場で売買されていいのか、という問題にわれわれは行きつく。それは、ヒトの運命を支配する権力を市場で売買することが許されるか、という問題である。

第14章

市場の制度・慣行の落とし穴

意図せざる結果、という落とし穴

「こんなはずじゃなかったのに」という思いをもったことが読者諸氏もあるだろう。自分が何かの重要な選択をしたあとで、その時は想定していなかった論理が働いてしまって、思わぬ結果あるいは機能不全を経験する。市場メカニズムを機能させようと作られるさまざまな制度や慣行の選択の際にも、同じことが起きる。

市場メカニズムが機能するためには、じつはさまざまな制度や慣行に支えられる必要がある。第10章で市場インフラと総称したものである。たとえば商取引の円滑な実行を可能にするために、商法という法律が作られる。株式取引を円滑にするために、証券取引所が設立される。労働市場での職業紹介がスムーズにいくように職業安定所が作られる。

そうした大きな制度選択ばかりでなく、大小さまざまな慣行が、さまざまな市場で市場メカニズムを円滑に動かすことをおもな目的として作られている。それらの制度や慣行はほとんど無数と言ってもいいほど多種・多様にあるだろう。また国によっても時代によっても、その内容が変化することもしばしばであろう。

そうした制度や慣行が、ときに意図した目的に反して市場メカニズムの機能不全を招いてしまうことがある。それが、この章で問題にしたいことである。

全面的機能不全は珍しいだろうが、思わぬ形で部分的な機能不全を起こすのである。本章で取り上げる機能不全には二種類あり、一つは市場メカニズムの働きがかえって抑制される（たとえば、競争が激しくなくなる）こと。もう一つは、市場メカニズムが暴走する（たとえば、価格が敏感に乱高下する、投機が過大に発生する）こと。

もちろんこうした機能不全は、制度や慣行の設計・選択の際の意図とは異なっている。市場インフラだけでなく、すべての制度や慣行の選択の背後にはそれなりの正当な理由があるはずである。しかし残念なのは、その選択が正当だと考えたときに想定されていた論理経路だけが、現実に動いている論理経路ではないことである。別な論理経路も動いている。そこから、意図せざる結果が生まれてくる。

こうした現象は、アメリカの社会学者のロバート・キング・マートンが、社会現象の中で社会構造などがその選択意図とは異なる結果を生んでしまうことがあることに注目して、「意図せざる結果」と呼んだ現象の一例である。

市場メカニズムが健全に機能することを注意深く監視できるように、そして現実の市場の動きにあまり過度な信頼を置かないように、市場メカニズムを円滑に動かそうと思って作られる制度や慣行が「意図せざる結果」を生むことがあることを、われわれは知っておくべきである。

じつは私はすでに第10章で、意図せざる結果として市場メカニズムが機能不全になる例を紹介している。日本での民事再生法制度とアメリカでの住宅ローンの証券化とそこから派生するデリバティブ金融商品が、現場での責任ある経済行為をとらせなくなる可能性がある、という例である。責任ある経済行為という市場経済の基礎条件が忽《ゆるが》せになれば、市場メカニズムは不十分にしか機能しなくなるだろう。

市場経済の制度や慣行がもたらす意図せざる結果としては、たとえば巨大な格差や搾取などの社会的不正義が起きる危険がある、といった社会問題もあり得る。しかし、この章ではこうした社会問題ではなく「市場をうまく機能させることを意図したのに、意図に反して市場が機能不全を起こす」という、市場メカニズムの世界の中での皮肉な落とし穴を取り上げる。

それを、財市場、労働市場、負債市場、株式市場のそれぞれごとに議論し、それらの市場で作られる制度・慣行から発生する市場の機能不全の例を考えよう。もっとも、ここで取り上げる例は網羅的ではないことを、あらかじめお断りしておきたい。

財市場における、競争抑制の防止

ふつうの製品（財）の市場において、企業は競争を抑止しようという動機をしばしばもってしまう。競争が激しくないような状況を作れれば、より容易に自社も競争相手も利益をあげられると考えるからである。そこで、カルテルなどの共同行為で競争抑制を図ろうとする動きが出てくる可能性がある。

そうした競争抑制行動を防止して、財市場で市場メカニズムが円滑に機能するように、という目的で作られる制度の典型例が、独占禁止法である。その独占禁止法が、かえって隠微な競争抑制行動を企業にとらせてしまう、ということがあり得る。

それは、合法的な棲み分け（事業分野や製品の）を暗黙のうちに競争企業間で行なったり、競争の手段として非価格的な差別化行動に走ったりすることである。独占禁止法が支配的企業による価格支配力の排除を歴史的に当初の目的としていたこともあって、価格に関する共同行為や価格制限などにとくにうるさいので、価格以外の競争回避の戦略を企業が求めるようになるのである。参入障壁を高くして潜在的参入者が実際に市場に参入しないような行動をとる、などもその例であろう。

分野の棲み分けも、非価格的差別化も参入障壁強化も、結果として市場で競争抑制が起きるという効果をもってしまう。価格を中心に競争抑制を防止しようとして、結果として価格以外の競争抑制行動を増やしてしまう、という意図せざる結果が生まれている危険があるのである。

独占禁止法を逃れるために独占が許されている手段に力を注ぐ企業が多くなる、という皮肉なことになっているのが、知的財産権の世界である。知的財産権は、その知的財産の所有者に独占的使用を法律が許す、あるいは保護している権利である。いわば、政府公認の独占が許されている。したがって、独占禁止法で許されていない価格支配力などの手段で自分の競争上の地位を守るのではなく、独占の許されている知的財産権を武器に競争が少ない状況を企業が作ろうとするのである。

もちろん、技術特許を代表例とするような知的財産権が法的に保護されている理由は、技術の模倣が簡単に許されるのなら、その技術を作り出すための研究開発などへの投資が少なくなってしまうことが懸念されるからである。だから、知的財産の独占を認めることが、社会的に望ましい。

したがって、知的財産権が認められているのは独占禁止法が目的としている競争抑制の防止とはまったく関係のない理由からなのだが、それが独占禁止法を逃れて独占的状態を作り出すための手段に使われてしまっているのである。とくに最近のようにＩＴ関連の産業が大きくなってくると、特許が強い効力を持つために、ソフトの世界での独占が増えるという傾向がありそうだ。だから、ソフトの分野ではWinner-Take-All（勝者総取り）と呼ばれるような、初期の開発競争の勝利者がその後長期にわたって果実を独り占めにする傾向がある。独占が生まれてしまうのである。

事業統合という経営の手段に関しても、独占禁止法の運用が杓子定規だと国内産業の再編成が遅れるという懸念を述べる経営者も多い。理由は、国内市場での市場支配力（シェアなど）を主な基準にして国内企業の事業統合が独占禁止法上で認められるかどうかの判断を公正取引委員会がしていることが多いからである。しかし、グローバル競争こそが本当の競争の時代に、複数の企業の小さな国内事業を統合してより大きな事業体を作り、そこで国際競争力を作ろうという発想は十分あり得る。そうなってこそ、国際市場での競争メカニズムがより有効に機能する。

それを独占禁止法の国内目線の杓子定規な運用が妨げているとすれば、本来はより競争的な状態を作り出すために作られた制度・慣行が、国際的な競争をさらに活発にすることを妨げているると解釈できるのである。

労働市場における流動化

労働市場における市場メカニズムの円滑な機能のための制度・慣行の例としては、最近とくに話題になることが多い、労働市場の流動化という問題を考えてみよう。

労働市場における人の移動の流動性を高めることを流動化という。流動性の内容は労働者と雇用者の立場によって異なると思われるが、典型的には次のようなものだろう。

・労働者の側からは、自由に不利なく働き先を変更できること
・雇用者の側からは、自由にコストを小さく雇用調整をできること

こうした流動性を高めることは、それぞれの側の立場からは望ましいのだが、逆の立場に立つと望ましくないことになりそうだ。その対立が生まれることが、問題の本質だろう。たとえば、労働者が容易に働き先を変更できることは、雇用者にしてみると組織としての仕事の調整、人材育成やチーム力形成などの点でマイナスである。雇用者が雇用調整を自由にできるということは、調整の対象になってしまう労働者からすれば失業の危険が大きくなるというマイナスである。

こうして利害の対立する雇用者と労働者が、労働市場で対峙している。したがって、一方が自分にとっての流動性を高める制度や慣行をつくることを主張すると、他方は自分が不利にならないように対抗措置を作りたいと考える。そうした双方の主張と対抗措置の組み合わせの中で、ときには労働市場での市場メカニズムが円滑に機能しない状況が生まれてしまいかねない。

労働市場の流動化が日本よりも進んでいると思われるアメリカの事例から、労働市場での意図せざる結果のありようを考えてみよう。

雇用者側の流動化欲求（雇用の量的調整）を満たすように制度と慣行をさまざまに作ったのが、アメリカであろう。その目的がかなり実現されていることを、図9-3が示している。アメリカの失業率の激しい変動である。景気の変動とともに失業率が大きく変動する、あるいは変動さ

せることができる仕組みがあるからこそ、このグラフが生まれる。

しかし、当然の対抗措置が労働者側からとられる。労働組合が一時的なレイオフなどを受け入れる代償として、ふだんからの高めの賃金設定、質的に雇用者側の自由度を低めるような労働組合としての要求、などが出てくるのである。たとえば、レイオフをするにしてもその順序を逆年功で行なう（若い人から切られる）、ふたたび雇用量を大きくする際にはレイオフされた労働者が優先権をもつ、企業内の職種変更などを制限する（企業内労働移動の変更が難しい）などである。

結果として、雇用者側は労働市場での雇用調整の量的自由度は獲得したが、質的な雇用調整や企業内労働移動などの自由度を失った。それは、外部労働市場での流動性を雇用者が確保しようとしたら、内部労働市場（企業内部での労働移動や選抜）での競争的メカニズムを機能させることができなくなった、と表現していい。

労働者が自由に働き先を変更できる市場環境整備においても、アメリカは日本にかなり先行していると思っていいだろう。それに対する雇用者側の対抗措置は、組織内においては仕事の標準化であり、労働市場との接点では仕事限定の採用であり、職種の固定的取り扱いである。

それでたしかに働く人にとってはトランスポータビリティ（企業を移っても自分の能力や資格を持ち込める）が整ったが、一方で、仕事のプロセスでの企業特殊的能力蓄積競争のメカニズムが弱くなる。長く働くことが想定できず、また仕事が標準化しているので企業内の仕事のプロセスで労働者が成長し、企業内で昇進して行くようなメカニズムが作りにくいのである。

市場メカニズムの一つの長所は、優勝劣敗や報酬対応のプロセスが組織や人々の能力を高めることだと思われるが、その長所が「標準的な仕事をきちんと行なう」という面に向き過ぎて、企業の特殊的な能力蓄積には発揮できにくい仕組みを、アメリカ的状況は作りがちである。それは、企業の財市場での競争力の蓄積にはマイナスになる危険がある。したがって、意図せざる結果として起きるのは、能力育成面での市場メカニズムの機能不全であり、また財市場での競争メカニズムの劣化、とも解釈できるのである。

負債市場における、情報格差対策

負債市場で負債を提供する側（貸付であれば銀行、債券であれば債券購入者）にとっての大きな問題は、負債を要求する側（借りる側）が自らのリスクについて正しい情報を提供しているか、ということである。自分にとって不利な情報を出さないというのが自然な人情だから、ついリスクの過少申告になる。しかし、貸し手は過少申告かどうかを確かめる情報をもっていない。つまり、情報格差（情報の非対称性ともいう）が貸し手と借り手の間に生まれる。

その格差の解決のために、担保を取るという慣行が自然に生まれる。負債市場での市場取引が円滑に行なわれるように、という正当な目的をもった慣行である。

その慣行が市場メカニズムの暴走につながる危険を示しているのが、不動産バブルの際の不動産担保貸付による負債の極端な増加という現象である。すでに日米のバブルの説明の際にこの本でも述べたように、不動産価格が上昇し始めると、その担保価値も上がり、不動産投機家の借入可能金額が増えていく。その負債でさらに不動産購入をするから、不動産価格はますます上がる。それが、担保価値をますます上げる。こうして加速度がついて、バブルが発生する。市場メカニズムの暴走という意図せざる結果を、担保貸付というシンプルな慣行が招いてしまった。

あるいは、企業の格付（社債の格付という形での格付）が負債市場では一般的に行なわれるが、これも情報格差を借り手側が悪用しないように作られた制度である。格付機関という第三者（負債の借り手でも貸し手でもない組織）があらかじめ信用度や返済能力などの情報を格付という形で公表する、というものである。

この格付のもとになる変数は、企業の財務的な安全性や収益力の指標なのだが、こうした変数に影響を与えるような企業の投資判断と資金調達判断が、「格付を下げたくない」という思いから歪むことが案外ある。たとえば、微妙な投資判断がついつい格付を下げないようにという配慮から、取りやめになるということである。

リスクが大き過ぎる投資を排除するのなら、それはある意味で格付制度の正しい機能なのだが、保守的過ぎる投資判断に格付制度が企業を導いてしまっているのが、日本のかなりの企業の現状のように思われる。だとすれば、本来はあり得た負債の取り入れが行なわれなくなる、ということで、負債市場が健全に機能していないことになってしまう。

これだけ低金利が長く続いているのに日本企業の投資が低迷している状況を、われわれは第6章で見た。その背景の一つの要因が、借り入れ需要を抑制させるような働きを格付という負債市場の制度・慣行ではないか、という恐れがある。

もう一つ、日本の貸付市場が活発化しにくい一つの要因だと思われるのは、中小企業を中心に長く銀行貸付の慣行となっている、経営者による個人保証である。企業が借り入れる際に、企業として担保を提供するばかりでなく、経営者が企業の借り入れの返済を個人として保証する、という慣行である。法人企業は株主の有限責任の組織体であるはずなのに、経営者という株主は無限責任を負わされているようなものである。

個人保証もまた、負債市場の情報格差対策の一つと考えられる。経営者が借入の際に情報を歪めて不当な借入をしても、個人保証によってそれを償うことになるからである。しかし、こうした個人保証を求められることになると、新規開業をしようとする経営者にとっては開業をためらう理由の一つになりそうだ。事業の失敗が自分の身の破産になってしまう危険が高まってしまうからである。

この問題が深刻になるのは、新規開業の場合であろう。日本の新規開業が少ないのは以前から指摘されている事実だが、開業資金の貸付市場が円滑に機能することを個人保証という慣行が妨げている、という意図せざる結果が起きている恐れが大きい。

株式市場における、株主平等原則

株主平等の原則とは、出資金の額に応じてだけ株主の権利の違いがあるべきで、それ以外の点ではすべての株主を平等に扱うべき、という原則である。株式にはじつはさまざまな権利の違う株式が法的には認められているが（種類株という）、その現実の発行には日本の証券取引所は慎重である。異なった権利の株式について一つの企業について流通することは株式の売買をスムーズに行なうためには障害になる、ということであろう。アメリカでも慎重だが、日本はアメリカよりもさらに平等原則が強い。

この原則自体は問題ではないのだが、しかしすべての株主を平等に扱うことから、投資家と投機家を区別できないという落とし穴が生まれる。その結果、第13章で見たように、株式市場が投機色の強い市場になってしまう危険が発生する。つまり、株式市場を円滑に機能させようという目的での平等原則が、市場メカニズムの機能不全の原因の一つになっている。

さらには、小口個人株主を増やそう、彼らも平等に株主になれるようにしよう、ということで、最小投資単位を小さくするという制度・慣行が作られている。これとITの進歩での株式取引の容易さの格段の上昇とが相まって、デイトレーダーなど個人株主による投機を多くしていると思われる。ここでも、株主平等の原則実施のための慣行が、市場メカニズムの暴走の一つの原因になっていると思われるのである。

投機的傾向の強い株主が多くなることへの企業側の対抗措置が、おそらく株式持ち合いに代表される安定株主政策なのであろう。お互いに物言わぬ株主として、相互承認をする株主を増やすのが株式持ち合いだからである。しかし、その結果、株式市場がもつ経営者への警告能力を下げてしまった。これも、結果として株式市場がきちんと機能しなくなるという意味で、意図せざる結果である。

したがって、平等性原則の過剰な実施という現実から抜け出し、たとえば株式の保有期間による議決権の制限などの落とし穴対策を行なう必要があろう。株式の売買や配当を受ける権利を制限する必要はないが、フランスでは株主総会での議決権をもつためには、1年あるいは2年間の株式所有を経ていることを条件にする、という工夫があるし、アメリカには黄金株という「株主総会での拒否権」を意味する特別な議決権を一部の株主に与えるという工夫もある。たとえば、グーグルの創業者はこの黄金株をもっている。

私は、株式市場や株式会社制度そのものに問題があると言っているのではない。しかし、市場の「業」としての投機を考えると、企業支配権への何らかの制限をつけることが、株式市場と経済全体の健全な発展と人々の幸せのために必要だと思うのである。

以上、財市場から株式市場まで、市場メカニズム円滑化対策の意図せざる結果を概観してきたが、それは市場メカニズムを否定するための議論ではない。市場メカニズムは、かなり欠陥もあるメカニズムであるが、されど市場メカニズム、なのである。人類はこれにまさる経済全体の統御メカニズムをまだ発見していない。民主主義が衆愚政治になる危険をはらみながら、それよりいい仕組みはない、というのと同じであろう。

しかし、ときに市場メカニズムを盲信するような発言に出会うことがある。市場原理主義とでも言いたくなる主張である。それは勘弁して欲しい。そんなに盲信されては、市場メカニズムも迷惑だろう。

第4部 日本の産業を考える

4

第15章 日本型市場経済と日本の産業発展

企業システムから見た、日本型市場経済の特徴

本書では、第2部でマクロ経済全体を考え、第3部ではそのマクロ経済の統御メカニズムとしての市場メカニズムについて考察してきた。この第4部はマクロ経済の発展の原動力である産業について考える。産業を単位として、マクロ経済をより詳しく分解して考えようというわけである。そして、日本の産業の将来像を考えるための、「産業を見る眼」を議論したい。

日本経済は戦後、世界にもまれな高度成長を遂げた。その原動力は、さまざまな産業群がむらがるように発展したことである。この総合的産業発展劇を、個別の技術のイノベーションと

は別種の巨大な地球規模のイノベーション、と表現する人もいるほどである。その産業発展の背後の重要な要因の一つに、日本型市場経済の特徴があった、と私は考えている。そこで、第4部の冒頭の章であるこの章では、「企業システム」という視点から日本型市場経済の特徴を考えてみたい。

日本型市場経済という言葉をつかうとき、私は市場メカニズムの具体化（具体的な制度や慣行による実務の形成）には、国によって違いがあって当然だと考えている。抽象的には市場経済の国と言われる国々の間で、その具体的な表れはその国の歴史や社会・文化のあり方を反映して、かなり違ってくるのが当然だと思うからである。

そして企業システムとは、企業に資源を提供している人々（働く人や資本を出す株主など）と企業との関係、さらにさまざまな企業が産業を超えてつながりあっている取引関係などの企業間関係、など企業を中心とするさまざまな経済主体の間のつながり方のシステム全体のことである。企業を中心としたマクロ経済の見方と言ってもいい。

より具体的に言えば、企業システムは次の三つの概念がどのようなものになるかによってその基本的特徴を把握できる、と私は考えている。

①企業主権の概念：企業は誰のものか
②組織内シェアリングの概念：誰が何を分担し、どんな分配をうけるか
③市場取引の概念：企業同士はどうつながり合うか

表15-1 日本型企業システムとアメリカ型企業システム

概念	日本型	アメリカ型
企業主権	従業員主権メイン	株主主権メイン
組織内シェアリング	分散シェアリング	一元的シェアリング
市場取引	組織的市場	自由市場

企業主権の概念とは、企業は一体誰のもので、誰の利益のためにその行動をきめているのかについての、基本的な考え方である。国の統治の分野で主権在民という、その統治の権利という意味を企業に適用しての「企業主権」である。一方、シェアリングの概念は、企業組織の中でそこに参加している人々の間で権限、情報、経済的成果がどのように分担され、分配されているかについての、基本的な考え方である。さらに、市場取引の概念とは、市場という場で行なわれる取引がどのような原則で行なわれるのかについての、基本的な考え方である。

この三つの概念あるいは側面で、日本型企業システムは他の国と比べたときに、一つの特徴をもっている。その比較を、典型的な市場経済国・資本主義国と思われているアメリカと比べたものが、表15-1である。

もちろん、日本もアメリカもともに市場経済の国であり、資本主義の国でもある。しかし、人々の平均的な考え方、つまり人々が常識として、ときに暗黙のうちにもつそれぞれの概念の平均的内容が、日米で違うと思われるのである。また、くわしい議論をする紙幅はないが、この企業システムという見方からは、ドイツなどは日本とアメリカの中間のようなところに位置づけられるというのが私の観察である。

企業は誰のものか：従業員主権メイン、株主主権サブ

企業を統治する権利という意味の企業主権を誰がもてるのか。その候補者は、企業の不可欠の構成主体としての、株主と従業員しかいないだろう。株主は逃げない資本として株主資本を提供し、従業員のコアの部分にいる人たちは、簡単には逃げない労働力としての人材を提供している。そして、彼らの知恵とエネルギーが会社の競争力の基盤である。

ここでいう従業員とは、経営者と労働者の両方を合わせたものと考えるべきだろう。つまり、企業にコミットし、そこで働き、生活している人たちの全体である。したがって、中小企業のオーナーもここでいう「従業員」の一人である。彼は、圧倒的な主権者として、その企業の中心的な「働く人」なのである。

株主も従業員も、企業の市民権者である。その企業の基盤をつくり、その企業が生み出す価値から分配を受ける権利をもち、また企業によって守られる権利ももっている。ちょうど、国民が国の市民権者であるのと、同じである。

だから株主も従業員も企業の主権を担う資格をもっているのだが、どちらがサブでどちらがメインかと言えば、日本の多くの企業は従業員をメインの主権者、株主をサブの主権者と考えてきた、と理解してよいと思われる。株主への配当をけずっても、従業員の雇用の確保を優先する企業行動、外部からの乗っ取り的買収に対する労使共同しての反対運動などは、この企業

の概念の典型的表れである。法律的に所有権が争われるときには株主が主権者として登場するが、それ以外の通常の状況では企業に長期にコミットしている働く人々に「主権があるかのごとくに」企業は運営されている。

従業員にメインの主権があるというのは、あくまで実質的にメインの主権者、最大の利害関係者、という感覚で経営が行なわれている、という意味である。もとより、法律上は日本の商法も株主を会社の主権者としている。しかも、株主の提供する資本がなければ、企業がそもそも成立しない。

そしてもちろん、従業員のすべてが等しく実質的な「主権者」ではないだろう。長期的にその企業にコミットする、コアメンバーとでもいうべき人々のグループがあり、そのグループに属する人々が実質的な主権者である。

従業員主権がメインというと、昨今の株主重視ガバナンスの動きに逆行するようにとられるかもしれない。しかし、株主の価値を大きくしようとする経営と従業員主権の経営とはつねに利害対立の関係にあるというわけではない。むしろ、従業員主権で経営していると企業が発展し、結局は株主にとってのメリットが大きくなる、という関係がある。ただ、平常時では従業員主権企業は従業員を優先し、株主主権企業は株主を優先することが多い、というだけで、非常時には、カネがないということは企業としての存続が危ぶまれるので、資本の提供者としての株主の権利がもちろん優先されるであろう。

従業員主権は経済合理性の高い原理だと思われる。だからこそ、日本の産業の発展に貢献してきた。たとえば、自分が主権者の一人だと思えばこそ、給料の貰い分を超えて企業活動にエネルギーを注ぐことになる。さらに、働く人々はその企業の競争力の源泉を作っている人々である。彼らの知恵やエネルギーが技術の違い、サービスの違いをもたらし、それが競争力となっている。株主には競争力の形成への直接的な貢献はない。だから、競争力の源泉になっている「働く人々」が企業の主権をメインにもつことが十分に経済合理性があるのである。

従業員主権メインという原理の具体的な表れの一つが、日本企業の長期雇用慣行であろう。一九九〇年代からの日本経済の低迷の中で終身雇用は終わったとしばしば言われるが、しかしまだまだ長期雇用慣行を大切にしたいと思っている企業の方がかなり多いと私は考えている。また、だからこそ、日本の失業率はアメリカなどより現在にいたるまでかなり低いのである。

組織内部と市場取引をどう編成するか：分散シェアリングと組織的市場

企業システムの第二の概念、組織内シェアリングの概念とは、企業組織の内部の編成の原理である。

組織に参加している人々（つまり働いている人々）は、さまざまなものを分担し合い、分配しているが、その分担と分配の原理がシェアリングの概念である。シェアリングの対象として一般に大切なのは、カネ、権力、情報、であろう。それを誰がどのように持つのか、共有するのか。

典型的なアメリカ企業では、このシェアリングが集中する傾向がある。三つの変数のシェアリングは、基本的に単一のパターンであり、トップの人間にカネも権力も情報も集中したパターンとなることが多い。これを典型的な一元的シェアリングと呼ぼう。一元的とは、三つの変数のシェアリングが基本的に相似的であること、そしてシェアリングが少数の人に集中していること、その二つの意味である。

しかし、日本企業では、三つのシェアリングパターンは必ずしも類似せず（たとえば、実質的に権限をもった人が必ずしも給料がそれに応じて多い訳ではない）、またかなり公平なあるいは平準化されたシェアリングパターンが多い（たとえば社長の給料が新入社員の給料に何倍か、といった所得の不平等度は日本は低い）。つまり、おのおのの変数のシェアリングの程度がより平等的であるという意味で「分散」であるし、かつ三つのシェアリングの間がかなり非相似であるという意味でも「分散」である。そういった二つの意味で、分散シェアリングなのである。

カネの分散シェアリングの一つの具体的表れが、年功序列的な賃金体系である。多くの人々を平等的に処遇し、年齢の高い人を尊重するという社会風土を賃金の形で表現したものであろう。ただし、人口の高齢化にともない、年功に依存して賃金が決まる程度は小さくなってきているが、しかしまだ年功的側面が社会的配慮としてかなりあるのが日本企業の実態であろう。

また、意思決定権限の分散シェアリングの具体的表れの一つの例が、ボトムアップの重視である。それは、意思決定権限の実質的な委譲の度合が高いことを意味するから、権限のシェアリングのパターンの平等度が高いということになる。

情報のシェアリングの面で言えば、現場の労働者が企業の技術をかなり担いあるいは技術の改良に貢献していることは、技術情報の組織内のシェアリングパターンの集中度が低いことの例である。さらに、技術ばかりでなく、より一般的に、日本の企業では組織のさまざまな部署や階層の人々がいろいろな情報を共有していると言われる。それも情報のシェアリングの分散のもう一つの例である。

分散シェアリングという原理もまた、経済合理性が高い。その合理性のエッセンスは、情報共有による情報効率の高さ、平等性によるチームとしての職場集団の社会的維持、非相似性による人々の多様な欲求への適応、この三つである。

情報共有度が高ければ、組織としての情報効率は高くなるし、カネや権威の平等的なシェアリングも職場集団の社会的安定という面で大きな貢献をするのは、わかりやすいであろう。さらに、人は一体なぜ働くのか、という本質的な問題を考えてみれば、人々は多様な欲求をもっていることがすぐわかる。人々は、いくつもの「花」に対してそれぞれに欲求を感じるのである。シェアリングの対象とここで考えている、カネ、意思決定の権限、情報は、それぞれに人の欲求の次元になっている。とすれば、非相似のシェアリングの方が、多くの人がそれなりに満足する可能性が高く、公平感も保ちやすい。

企業システムの第三の概念、市場取引の概念とは、企業間の取引関係の概念で、言い換えれば、市場における企業間の関係のあり方の考え方である。

古典的資本主義では、その考え方は「自由市場」である。そこでは、一つの取引ごとに、互いに対等な財の売り手と買い手が自由に取引条件の交渉を多くの相手と行ない、その中でもっとも自分にとって有利な相手と取引をする。もし条件が合わなければいつでも退出の自由があり、また参入の自由がある。

しかし、日本の企業間の市場取引は、どうも「自由市場」という原理を徹底して実行しているとは思えない。いったん始まったら、取引は長期的な関係になることが多いし、取引相手もかなり固定化してくる。取引先の数もそんなに多くはしない。むしろ、長期的、継続的に少数の企業と取引をすることによって、協力関係を作り出そうとしている。

日本で当然と思われている市場の概念は、じつは「組織的市場」とでも呼ぶべきものである。それは、自由市場の概念に組織あるいは共同体の原理が浸透したもので、単純に短期的な経済計算だけで取引関係を決めないのである。

組織の原理とは、同じ仲間と共通の目的を達成するよう協力する、そしてメンバーのうちの誰かが共通目的実現のために権限をもつ、というのがもっとも基本的な原理であろう。そういった組織原理が市場取引に浸透しているのが組織的市場で、そこでは同一の相手と長期的かつ継続的な取引関係が結ばれるようになる。

そして、本来互いに利害が対立する売り手と買い手が、長期的な協力関係に入るのである。その典型的な例は、系列化された下請企業と親企業の間の取引関係あるいは流通の系列化である。さらに、別に系列関係がなくても、日本の企業の取引慣行は、長期的かつ継続的である。

この原理の経済合理性も高い。一言で言えば、協力関係が生まれ、調整がうまくいき、共同開発などもやりやすいからである。

人本主義の経済合理性とそのオーバーラン

こうした企業システムを、第二次世界大戦後の日本の経済社会の歴史的状況の中で、日本企業は作り上げてきた。その歴史的経緯についてくわしく述べる紙幅はないが、たとえば従業員主権の考え方が日本で定着した背後には、戦争直後に日本の企業に労使紛争が頻発し、その教訓が労使対決よりも労使協調路線を日本企業に選択させたことがあるだろう。労使協調になると、自然に企業の主権者に働く人々を加えようということになるのである。

こうした日本型市場経済の企業システムの原理を、私はあえて「人本主義」と呼んできた。それは、資本主義に対照する意味の私の造語である。

資本主義がカネを経済活動のもっとも本源的かつ希少な資源と考え、その資源（カネ）の提供者のネットワークをどのように作るかを中心原理として企業システムが作られるものと考える（つまり「資」が本という原理）のに対して、人本主義はヒトが経済活動のもっとも本源的かつ希少な資源であることを強調し、その資源の提供者たちのネットワークのあり方に企業システムの編成のあり方の中心的原理を求めようとする考え方である。つまりは、「人」が本という原理である。

このシステムの経済合理性の高さについては三つのシステム構成概念ごとに前節までに説明してきたが、三つの概念に共通する考え方として、ヒトのネットワークを安定的に作ろうとする考え方を指摘できる。そして、ヒトのネットワークの安定性から、次の三つのメリットが生まれる。

- 人々が情報や技術・技能を蓄積する機会とインセンティブが生まれる
- コミュニケーション効率がよくなる
- 人々がネットワーク全体の発展のために努力するインセンティブが生まれる

三つともすべて、人々の間のネットワークが不安定では生まれにくいメリットである。たとえば、第一のメリットの具体例として、他人に教えるインセンティブを人々がもつことをあげるべきであろう。組織の新人に技能などを教えると自分の職が奪われる危険がある(不安定なネットワークであればこうなる)と思えば、教えるインセンティブは生まれない。それでは、組織に参加した人々の情報や技術・技能の蓄積は進みにくいのである。

ただ安定性は粘着性に変わりやすい。いいことばかりではないのである。それだけに、日本の企業システムはヒトのネットワークの粘着性に足を取られる危険もある。しがらみにがんじがらみになって動きづらいと言うことにもなりかねない。ヒトへの配慮から甘えが生まれる危険も大きい。

さらに注意しなければならない重要な点は、日本企業の人本主義と言えども市場経済の中で機能している、ということである。その市場経済というもののもっとも基本的な特徴は、どのようなカネのネットワークを形成して経済活動を編成すればもっとも効率的か、という判断基準を原理にして経済組織の編成が行なわれていることである。市場経済とは貨幣を交換の媒体と富の蓄積の手段とする経済だからである。

したがって、人本主義でも、それが市場経済の世界でのシステム原理である以上、あくまでもそのベースにはカネのネットワークの原理があることになる。そのベースの上に、ヒトのネットワークの原理を入れて、両者の長所が活きるような経済組織の編成を行なおうとしたのが、人本主義企業システムである。そのため、人本主義の経営では、ヒトのネットワークをカネのネットワークの上に二重がさねしていることになっている。

その二重がさねが、カネとヒトの補完というプラスをもたらす。それが二重がさねのよさである。しかし同時に、二重がさねは複雑さをもたらしている。だから問題が複雑になって解決の障害がたくさん生まれたりもする。その結果、人本主義のオーバーランとでもいうべき現象が起きる危険がある。

たとえば、従業員主権だから、資本効率を軽視するのではないか。従業員主権だから、雇用の組み替えを伴う事業構造のリストラがことさらに難しくなるのではないか。分散シェアリングの平等の精神が、悪平等や人事の硬直化を招いているのではないか。組織的市場がIT革命の成果をふんだんに使って取引関係を効率化することを妨げていないか。

そうしたマイナスの側面が、最近出ている部分もありそうだ。とくに環境の激変の際には、ヒトのネットワークの安定性にその原理の基礎を置く人本主義は、動きが鈍くなり変化が遅くなる危険がある。その点、カネのネットワークに原理の基礎を置く古典的資本主義は、カネで割り切るだけに少なくとも動きは速い。

こうした人本主義のマイナスは、言わば人本主義がオーバーランしたと表現されるべき現象で、原理そのものの欠陥と決めつける必要はない。しかし、カネのネットワーク原理（市場経済）と人のネットワークの原理（人本主義）との二重がさねゆえに、人本主義的市場経済という日本の企業システムの運営の負荷はかなり大きいと思われる。つまり、マネジメントがしっかりしていないと機能不全に陥る危険も大きいのである。それが、最近の人本主義のオーバーランの一つの原因かもしれない。

日本の産業発展の背後に人本主義あり

しかし、オーバーランの危険はたしかにあるものの、そして最近の環境の激変で揺さぶられてはいるものの、人本主義が戦後の日本の産業発展の原動力の一つであった、と私は考えている。その本質的理由は、人本主義が大衆（ふつうの人々）を経済活動に巻き込める原理になったこと、つまり産業民主主義の実現を可能とする原理であったことである。

日本の多くの産業の発展の直接的原因は、企業が国際競争力をもてたことである。その競争力をもっとも基本的なところで決めているのは、その産業の核となるような技術を企業がどれだけ効率よく蓄積できるか、である。その効率的な蓄積は、その産業の技術の本質（あるいは中心的特性）が企業の組織の得意技にマッチしたときに起こりやすいと思われる。そして、組織の得意技として、日本企業はかなり共通的な得意技をもっている。それと相性のいい技術の特徴がある。

日本が成功してきた産業の技術の特性としてかなり共通する点は、三つある。

第一に、その産業の技術全体の中で、製造工程の技術に競争の核があるような産業である。鉄鋼、自動車、半導体は、そうした典型的な例だった。第二に、その技術が何を要求しているかという点で、総合性、調整性を要求される技術という特徴である。

総合性を自動車に例をとって説明すれば、単に一つの技術が優れているだけでは最終製品としてのいい自動車は作れず、エンジン技術、サスペンション技術、車体技術、電気技術など、さまざまな技術が一定の水準に揃う必要がある。

総合性がさらにすすむと、異種技術の本格的融合を必要とする場合がある。総合の究極としての融合で、たんに既存技術がうまくまとめられるのではなく、融合によってこれまでとは違う新しい技術が生まれるのである。ＶＴＲがその典型例で、日本企業は電子技術とメカ技術の融合、精密加工技術と大量生産技術の融合、この二つの融合に成功した。

こうした特性をもった技術の蓄積の成功に、人本主義企業システムは大きく貢献したと思われる。人本主義の日本企業が、現場を大切にし、人々の間の調整を大事にし、多くの人々の間の相互接触と相互刺激が大量に起き、日々の努力の積み重ねの中から小さな革新を積み上げていく、ということを大切にしたからである。

それによって、三つのことが起きやすくなる。一つは現場学習である。現場の人々が現場での作業から学習する。二つには、自律的調整である。個々人や個々の職場が自分のセクショナリズムを主張することが少なく、みんなが周りの動きを見ながら自然に調整をとっていく。第三には、情報融合である。情報融合とは、複数の通常は結びつきにくいかもしれない情報が融合し合って、新しい情報へと変貌していくことをさす。それが、人々の間で相互接触し、情報を交換し合うという情報的相互作用が多くなることによって可能になる。情報融合の結果の一つの例が、融合技術である。

現場学習、自律的調整、情報融合という三つの日本企業の得意技は、現場での産業民主主義の成果と言えるだろう。現場がそう動けるように、草の根で人々を事業活動に巻き込めるように、日本型市場経済の特徴、すなわち日本企業の人本主義システムが機能したのである。

第16章

日本の産業構造とその変化

産業構造をどう描くか

この本の読者のみなさんの企業は、日本の産業構造全体の中に存在している。どの企業も、独立して経済の中に存在しているわけではなく、他の産業の盛衰にさまざまな影響を受けている。とすれば、一つの企業の事業の将来性は、自分を囲むさまざまな他の産業がどのように成長するか、効率的になってくれるかに依存する部分も多いことになる。

そうしたさまざまな産業が共存し合って、一つの国の産業構造ができ上がっている。この章では、日本の産業の全体像を産業構造という観点から考えてみよう。前章で論じたような日本型企業システムのもとでの産業発展の結果、日本の産業は全体としてどうなったか。どう変わってきたか。それを分析する基礎枠組みを紹介するとともに、日本の産業構造を見る眼を考えたい。

この章では日本の産業構造の全体像について考えるが、次章からの三つの章は日本の産業の未来を占うために重要な三つの問題を扱う。まず第17章では製造業を中心としたグローバリゼーションの行方、第18章では経済のサービス化と日本のサービス産業の未来、そして第19章では少子・高齢化時代に突入している日本社会における日本の産業のあり方、である。

まず、産業構造全体の描き方としては、産業のアウトプットに着目する描き方とインプットに着目する描き方の二つがある。

アウトプットとしては、ちょうどマクロ経済全体の経済的アウトプットがGDPという国全体の付加価値額で計られると同じように、産業別の付加価値が用いられる（付加価値の定義については、第5章を参照のこと）。インプットとしては、それぞれの産業に投入された就業者数を用いるのがふつうである。さらに、産業のアウトプットとしての輸出の構造に着目する描き方もある。つまり、付加価値構造、就業構造、そして輸出構造、という三種類の産業構造の表現である。

産業の分類としてもっとも基礎的な分類に、第一次産業（農林水産業）、第二次産業（製造業、鉱業、建設業）、第三次産業（不動産業、金融業、サービス業などその他の産業）という分類がある。この分類での日本の産業構造を、付加価値と就業者数の構成比で描いた結果が、表16−1である

表16-1 産業別の付加価値構成と就業者構成

（%）

	付加価値構成比		就業者構成比	
	1996年	2014年	1996年	2014年
第一次産業	1.8	1.2	5.5	3.6
第二次産業	30.3	24.9	32.7	24.4
うち製造業	22.2	18.7	22.3	16.4
第三次産業	67.9	73.9	61.8	72.0

（出所）内閣府国民経済計算、総務省労働力調査

（産業別付加価値データの最新版は二〇一四年であるため、この年のデータを掲載）。

この表から、最近の二〇年間も経済の第三次産業化（サービス化ともいう）の流れが続き、第三次産業の付加価値構成比はじつに七四%程度にまでなっていること、製造業が日本の産業全体に占める比重も落ちてきていることがわかる。こうした経済全体のサービス化については第18章でさらにくわしく議論するが、サービスの対象が生まれるのは製造業や建設業という第二次産業（さらには第一次産業）が作り出す経済的な価値のある製品があってこそであることを、忘れてはならない。卸・小売業がその典型例で、彼らが売る商品はおもに製造業が作り出すものなのである。サービス産業だけでは日本のような規模の国の産業構造は成立しない。

しかも、第三次産業の付加価値生産性（就業者一人当たりの付加価値額）は、製造業と比べるとかなり低い。二〇一四年の名目値で、製造業の付加価値生産性は八七六万円であるのに対し、第三次産業は七八七万円。第三次産業の生産性は製造業より一割以上低いのである。

だから、二〇一四年のデータを一九九六年のデータと比べると、

第三次産業の就業者構成比の増加分（一〇・二％）は付加価値構成比の増加分（六％）の倍近い大きさで、第三次産業では就業者数の増加分よりも付加価値額の増加分が小さいのである。

それに対して製造業は、付加価値構成比をこの一九年間でほぼ不変（二〇％前後）に保ちながら、就業者構成比では六％近くシェアが小さくなっている。実数では、製造業の就業者数は一四四五万人から一〇四〇万人へと、じつに四〇〇万人以上も減っており、その減少分は第三次産業の就業者数の増加によって補われている。

これは、それだけ生産性の向上が製造業ではあったことも意味している。GDP比で一八・一％に及ぶ輸出も、製造業が稼ぎ出したものである。こうしたデータからも、国全体の発展の基礎は製造業が支え、その基盤の上に第三次産業が雇用を吸収し、ときにさらに付加価値を生み出している、と言えるだろう。

製造業の付加価値構造と輸出構造の変化

もちろん、製造業が産業の基礎を支えてきていると言っても、同じ産業（たとえば自動車）が日本のメインの産業であり続けてきたわけではない。戦後の長い産業発展の歴史のなかで、主役はかなり変化してきた。

私は第7章で戦後日本のマクロ経済の成長を振り返ったが、そこで三つの転換点となった年をピックアップした。その年から日本の成長パターンが変わった、三つの年である。オイル

表16-2 製造業の構造変化：付加価値シェア

（%）

	1956年	1973年	1991年	2008年	2014年
繊維	13.8	8.4	2.5	1.9	1.5
化学	13.0	8.7	9.2	9.8	10.9
鉄鋼	9.9	7.6	5.2	5.7	3.9
一般機械	7.0	10.4	11.8	14.6	15.0
電気機器	5.7	10.9	17.0	14.9	14.2
自動車	3.4	5.9	8.7	13.1	15.9
食品	10.3	8.2	6.9	8.6	9.6

（出所）経済産業省工業統計調査

ショックで日本がエネルギー危機に見舞われた、一九七三年。ソ連の崩壊とバブルの崩壊が同時に起きた、一九九一年。そして、リーマンショックで世界同時不況に見舞われた二〇〇八年。

高度成長の起点となった一九五六年から最新の製造業の付加価値データのある二〇一四年までの期間で、おもな産業の付加価値シェア（製造業全体の付加価値に各産業が占める構成比）を三つの転換点ごとに表にしたものが、表16-2である。

約六〇年間の産業構造の変化の歴史は、ときに残酷である。一九五六年の日本のリーディング産業は繊維産業だったが、二〇一四年には小さな存在になってしまった。そして、その穴を埋めるように発展してきたのが、二〇一四年の日本のリーディング産業となった自動車産業であった。自動車はコンスタントにそのシェアを上げ続け、とくにバブル崩壊後の自動車産業の発展は目覚ましい。この四半世紀の日本経済の発展を牽引してきた産業といってよい。

また、電気機器産業の勃興と伸び悩みも、この表は雄弁に物語っている。電気機器産業は、一九九一年には日本の製造業の一七%を占める産業に上り詰め、現在の自動車産業よりもその存在感は大きかった。とくに、オイルショック以降の安定成長時代での電気機器産業の重要性の急上昇は、シェアで六・一%も増えるというすさまじいものであった。オイルショック以降の省エネの流れが、電子機器による制御をさまざまな現場や家庭で必要とさせたことが、電気機器のこの時期の発展の最大の理由であろう。

しかしその後は、一般機械産業にもシェアで追い抜かれるなど、その存在は以前のような輝きを失ってしまった。その理由の大きなものは、東アジア企業の勃興であろう。彼らが競争力をつけてきたのである。しかし、そうした国際競争の激化がありながら、まだ日本の一五%産業であり続けているのは、立派だと言うべきだろう。

自動車と並んで一貫してその存在を大きくしてきたのが、一般機械産業である。現在の産業分類では汎用機械、生産用機械、業務用機械、といったさらに細分化された産業が所属している産業で、さまざまな複雑な機械を生産している産業だと思えばいい。建設機械、複写機、半導体製造装置、などが商品のイメージである。

この表の中でじつに安定感のある存在となっているのが、化学産業と食品産業である。化学は輸出も多い素材産業、食品は内需型の消費財産業だが、地味ながらそれぞれに日本の製造業の中の一〇%産業として安定的な地位を確保し続けているのである。それと比べると、高度成長時代には日本の一〇%産業に近かった鉄鋼業は、繊維ほどではないが徐々に存在感を小さくしてきている産業と言えるだろう。

付加価値と並んでもう一つのアウトプット指標である同じ期間の輸出構造の変化を描いたの

表16-3 製造業の構造変化：輸出シェア

(%)

	1956年	1973年	1991年	2008年	2015年
繊維	34.8	8.9	2.1	0.9	1.0
化学	4.3	5.8	5.6	9.0	10.3
鉄鋼	8.9	14.4	4.3	5.6	4.9
一般機械	4.4	11.5	22.1	19.7	19.1
電気機器	2.0	15.2	23.5	19.0	17.6
自動車	0.0	9.8	21.0	20.7	19.4

（注）食品の輸出は1%以下のため、載せていない。また、貿易統計は最新データが2015年なので、表の最後の年を2015年としている

（出所）財務省貿易統計

が、表16-3である。

ここでは、付加価値シェア以上に、集中が激しい。繊維産業の一九五六年の輸出シェアはなんと三四%を超えている。日本の輸出の三分の一が繊維だったのである。しかし、それが高度成長期に激減してしまった。そしてオイルショックからバブルの崩壊までの安定成長の時代に一般機械と自動車がいずれも一一%前後も輸出シェアを増やした結果、一般機械、電気機器、自動車という三つの機械産業の輸出シェアは九一年には二二%前後で並ぶようになった。

それ以降も、この三つの機械産業が輸出御三家として突出していることは変わっていない。これら以外に大きな変化が表に出ているのは、鉄鋼がオイルショック後に一〇%以上も輸出シェアを落としていることである。この産業がエネルギー多消費型産業で、オイルショックにまともに撃たれて国際競争力を失ったからであろう。

この表のもう一つの観察は、最近の変化の少なさである。オイルショック以降からバブル崩壊までは日本の輸出構造は大きく変化したのだが、それ以降はあまり大きく変化しなくなった。

表16－2の付加価値シェアではバブル崩壊後も付加価値構造はかなり変化しているので、輸出構造の硬直化傾向がよけいに目立つ。

重化学工業化、エレクトロニクス化、そして複雑機械化

こうした六〇年間の日本の製造業の構造変化の流れは、三つの波が交代して登場してきた歴史、と大括りにまとめられるように思う。

第一の波は、一九五六年から七三年までの高度成長期の「重化学工業化」の波。第二の波は七四年から九一年までの安定成長期の「エレクトロニクス化」の波。第三の波は、九二年からリーマンショックを経て現在も続く「複雑機械化」の波。

第一の波は、鉄鋼、造船、石油化学といった産業が発展して、日本の産業基盤ができた波である。そうした産業基盤のおかげで、日本の機械産業（たとえば、一般機械、電機機器、自動車）が発展できる土壌が国内にできた。こうした機械産業化への動きを素材面から支えるために、鉄鋼や化学の発展が不可欠だったのである。高度成長期に、機械産業が成長していく中で鉄鋼や化学も付加価値シェアを維持しているのは、そうした発展の下支えをきちんとしたことを示している。

第二の波の時代の日本の産業構造の変化を集約的に表現すれば、エレクトロニクス化、ということになるであろう。一九八〇年頃から電気機器の付加価値シェアが急上昇をしていき、九

一年には一七%とダントツの一位になる。さらに、輸出シェアで見ても、電気機器のシェアは九一年には二三%強にまで上がっていくのである。第一の波の輸出の主役であった鉄鋼はむしろどんどん落ちていって、電気機器はその穴を埋めて大きく伸びて日本の輸出の主役になっていく。

もう一つ、表面には見えにくい形でのエレクトロニクス化が日本の産業に起こっていた。それは、一般機械や自動車の機械部品がエレクトロニクス部品によって置き換えられて一般機械や自動車が高度化していくという現象である。一般機械の自動制御、自動車の電子制御などがその例である。そうしたエレクトロニクス技術を満載することによって、日本の機械産業全体が付加価値を高め、国際競争力を高めていった。この時代に一般機械の輸出シェアが上がっていくのは、そうした表面に出ないエレクトロニクス化の成果の象徴であろう。

それは、日本産業のエレクトロニクス化とでも表現すべき現象である。たんに、電気機器産業の出荷が増えたというだけでなく、他の産業までエレクトロニクス化していったのである。

第三の波の時代（バブル崩壊以降）の日本の製造業の構造変化を、私は「複雑機械化」と名づけたい。一般機械や自動車という、部品点数も多く、組立工程も複雑、機能も複雑という機械類が、日本の付加価値構造の中心に急速になってきた。二〇一四年の一般機械と自動車の付加価値シェア合計は三〇%を超え、この二つが僅差で日本産業のツートップとなっている。

それと比べると、デジタル化で電子部品に電気機械の機能が大量に移ってしまった電気機器産業は、それほど複雑でない機械の多い産業になってしまったようである。こうした産業では、東アジア企業との競争に日本企業は弱いだろう。いい部品を買ってくれば、いい最終製品を作れてしまうからである。だから、電気機器の付加価値シェアも輸出シェアも一九九一年以降下降を続けているのである。

このような複雑機械化が、日本産業のエレクトロニクス化の次の波として登場したのには、それなりに理由がある。部品点数が多く、制御機能も複雑な機械のきちんとした製品作りには、素材も機械部品もそして電子部品も、多様にかつ高品質に揃わないとダメだからである。その供給基盤がすべて日本に整い始めてから、自動車や一般機械の進撃がますます快調になったのである。

こうして、三つの波を六〇年にわたって経験しながら、日本の製造業の産業構造は変化してきた。そこにはたしかにリーディング産業の交代があったが、前の波のリード役であった産業群も次の波の時代に存在が相対的に小さくなったというだけで、まだまだ存在は大きい。機関車役は降りたというだけで、そこへ新しいリード役が加わったのである。

たとえば、一九七三年以降も鉄鋼の生産は横這いを続け（つまり下降せず）、国際競争力も衰えなかった。そして第二の波の半ばに鉄鋼はアメリカを抜いて世界一になっていく。造船も世界一であり続けた。化学の生産規模も拡大していく。

その後、電気機器が次のリーディング産業となり、さらには第三の波で自動車へとバトンタッチされて行く。その第二の波から第三の波への転換でも、前の波の機関車役の電気機器産業が大きく衰退するわけではなく、次の波のリーディング産業がアドオンされて（つけ加わって）いくのである。

この産業構造の変化のパターンは、アメリカのような、自動車が衰退するとコンピュータ産業やバイオ産業が登場する、といった、引き算のある産業交代ではない。新しい産業がつけ加わっていく、というアドオン型ともいうべき産業構造変化が、日本の特徴なのである。

なぜ交代型に日本の産業構造変化がなりにくいのかと言えば、一つの理由は人本主義企業システムであろう。雇用を大切にし、既存の取引関係も大切にする日本企業が、一つの事業を捨てて別の事業に移る、つまり引き算を大胆にする、というドラスティックな変化をとりたがらないのである。

しかし、こうした引き算の少ない、足し算の多い、アドオン型の産業構造変化は、後から追いかける国々にとっては目の上のたんこぶのようなものであろう。彼らにとっては、いつまでも自分の走っているレーンの前が空かない。アメリカのように、ある産業を後から来る国に譲るということがないのである。国際的にはあまり「好かれない」パターンと言えるかもしれない。

構造変化のドライバー

では、こうした産業構造の変化はなぜ起きたのか。構造変化のドライバーは何だったのか。それが、日本の産業構造の将来を考えたいであろう読者諸氏にとって大切な問いであろう。

最大のドライバーは、需要の変化であろう。国内需要の成長、あるいは特定の大きな国の需要の成長である。

高度成長期の日本は国内需要の高成長が需要面の最大のドライバーだった。安定成長期（オイルショックからバブル崩壊まで）は、アメリカへの輸出需要の成長が大きなドライバーだった。二一世紀に入ってからは、中国の需要の成長が日本の産業構造に大きなインパクトを与えた。この時期にいったんは成熟産業になった鉄鋼の付加価値シェアも輸出シェアも上昇しているのは、中国への鉄鋼輸出のおかげである。

もう一つの大きな変化ドライバーは、日本企業の国際競争力の変化である。日本企業の国際競争力が強くなってきた産業は、輸出需要やあるいは海外生産需要を勝ち取ることができて、産業が発展するのである。

この国際競争力の変化は、日本自身の努力によってもたらされる自らの競争力向上と、外国企業の競争力向上と、二つの要因の総合で決まる。要は、競争力格差がある産業が伸びるのである。

日本自らの競争力向上のために重要な要因は、二つある。一つは、技術蓄積の進展。もう一つは、他の産業も含んだ産業基盤全体の整備。これら二つの要因が、経済成長に伴ってほぼ必然的に発生する人件費の上昇というマイナス要因を打ち消すほどに強い場合にのみ、日本企業の競争力は向上する。

技術蓄積の進展のためにもっとも重要なのは、人材の育成である。そのためには、国全体の教育システムが必要な人材を企業セクターに供給することと、企業側がその人材を受け入れてさらに現場教育をすることが重要となる。日本の人本主義企業システムは後者の現場教育に貢献したが、国の教育システムの貢献も大きかった。たとえば、日本の電気機器産業が破竹の進撃をしていた六〇年代後半から八〇年代にかけて、日本の大学システムが企業セクターに供給した電子技術者（学卒）の量は、毎年アメリカの四倍（人口一人当たりの換算値で）にもなっていた時期が長く続いたのである。

逆に、コンピュータサイエンスの分野の人材供給では、アメリカは人口一人当たりの換算値で日本の一〇倍近い供給を七〇年代以降し続けてきた。これでは、二一世紀のＩＴ革命の産業化の局面で日本が大きく遅れてきたのも当然であろう。

競争力向上のもう一つの要因、産業基盤の整備については、重化学工業化が作った機械産業への基盤、機械産業の発達が作ったエレクトロニクス産業への基盤、そして日本産業のエレクトロニクス化が作った複雑機械化への産業基盤と、歴史的に前の時代の遺産が次の波の産業基盤として活かされてきた。

国際競争力格差を決める外国側の要因である外国企業の競争力向上については、時代の変化とともにさまざまな競争力格差縮小の現象が日本の産業を襲ってきた。外国企業自身の自律的な競争力向上の努力の典型は、技術蓄積と産業基盤の整備という日本についてあげた二つの要因を外国企業が自国できちんと行なったことである。東アジア企業の競争力向上の背後には、間違いなくこうした自律的努力があっただろう。

ただ、外国企業の競争力向上（あるいは日本企業の競争力縮小）が政治的意図をもった政府の介入で起きることもある。典型例は、貿易摩擦による貿易抑制措置によって日本企業が不利な立場に置かれる、あるいは為替レートへの介入によって日本企業の競争力が小さくされる、ということであろう。

この二つの現象が、日米の間に一九七〇年代から八〇年代にかけて、かなり起きたと思われる。それが、政治的介入前には強かった産業の競争力を抑制するという意味で、産業構造変化のドライバーになるのである。

日米の貿易摩擦は、繊維、鉄鋼、テレビ、自動車、半導体と、大きな産業で次々と起きた。面白いことに、ある産業での日米の貿易摩擦は、その産業の輸出額と出荷額全体の比率（これを輸出比率と呼ぼう）が二五％辺りになると起き始めるようである。そこが危険ラインのようだ。

表16-3の各産業の一九九〇年代までの輸出比率を調べてみると、その時系列的ピークはいずれも二五％前後で、そのピークとなった年は繊維が六〇年、鉄鋼は七五年、電気機器は八一年、自動車は八四年。この順序でたしかにそれぞれの産業の日米貿易摩擦が起き、これらの年の少し前から日本側への輸出抑制措置の強い政治的圧力がアメリカ政府からかかっている。

また、為替レートへの介入による円高、という日本企業の競争力縮小現象の最大の例が、一九八五年九月のプラザ合意である。その円高が半年で四割の円高という巨大さだったということは、すでに第7章で説明した。

この円高でもっとも大きな打撃を受けたのは、日本の電気機器産業であった。円高を回避するための海外生産が大規模に始まり、日本国内での付加価値シェアの伸び悩みの一つの要因になったのである。自動車産業はすでに貿易摩擦回避のためのアメリカ現地生産に乗り出しており、円高の被害はまだ少なかったと思われる。

もっともこうした政治的介入による円高だけでなく、経済の実勢を反映した円高によって日本企業の競争力が殺がれるということは十分ある。そうした為替レートの変動も、もちろん産業構造変化のドライバーの一つである。

第17章

製造業の国際展開とピザ型グローバリゼーション

日本は、アメリカ、中国、アセアンで食ってきた

日本の製造業の代表選手であるトヨタ自動車の二〇一五年度の決算は、売上高二七兆二〇〇〇億円、営業利益は二兆七〇〇〇億円というすさまじいものだった。その総販売台数八九七万台のうち、日本国内で二一五万台、北米で二七二万台、アジアで一四九万台、とかなりバランスよく世界のあちこちで販売している。生産は国内で四一二万台で、海外より少し少ない程度で、約二〇〇万台が輸出に回っている。

この業績は、見事な国際展開の成果といっていい。人口減少時代がすでに始まっている国内

市場のことを考えれば、日本の製造業のこれからの生きる道の中核に、国際展開があることは誰しも否定しないだろう。それが、この章で製造業について国際展開を取り上げる理由である。

そして、この章のキーワードは、タイトルにした「ピザ型グローバリゼーション」。真ん中が空洞になるドーナッツ型とはちがう、真ん中（つまり国内）が十分に厚いグローバリゼーションを日本の製造業は志向してきたし、これからも基本とすべきであろう。トヨタもまたこの路線の実践者である。その論理を考えたい。

その議論の第一ステップとして、日本の製造業の国際展開の歴史を、データで簡単に追ってみよう。まず、国際進出の第一段階である、輸出の地域別構造について見てみよう。日本はどの国をターゲットとして輸出してきたのか、図17–1が明瞭に示している。

二〇〇〇年代の初頭まで、アメリカが日本の輸出の圧倒的な仕向け地であったことがわかる。一九八〇年代のピークには、アメリカのシェアは四〇％に近かった。一国依存が強過ぎるともいえる。だから、アメリカとの間に貿易摩擦が頻発した。

それが、中国の台頭とともに、米中逆転が起きたのが二〇〇八年。北京オリンピックの年でもあり、またリーマンショックの年でもあった。中国のシェアはここ最近は二五％弱で安定している。いわゆる尖閣諸島問題が発生した二〇一二年には中国への輸出が少し下がったが、しかし下がり続けることはなく、最大の輸出先であり続けている。

対米輸出は二〇一一年にはシェア一五・三％まで下がったが、その後の対米自動車輸出の急増で、アメリカのシェアは二〇一五年には二〇・一％まで回復している。あたかも、中国との政治

図17-1 輸出先シェア

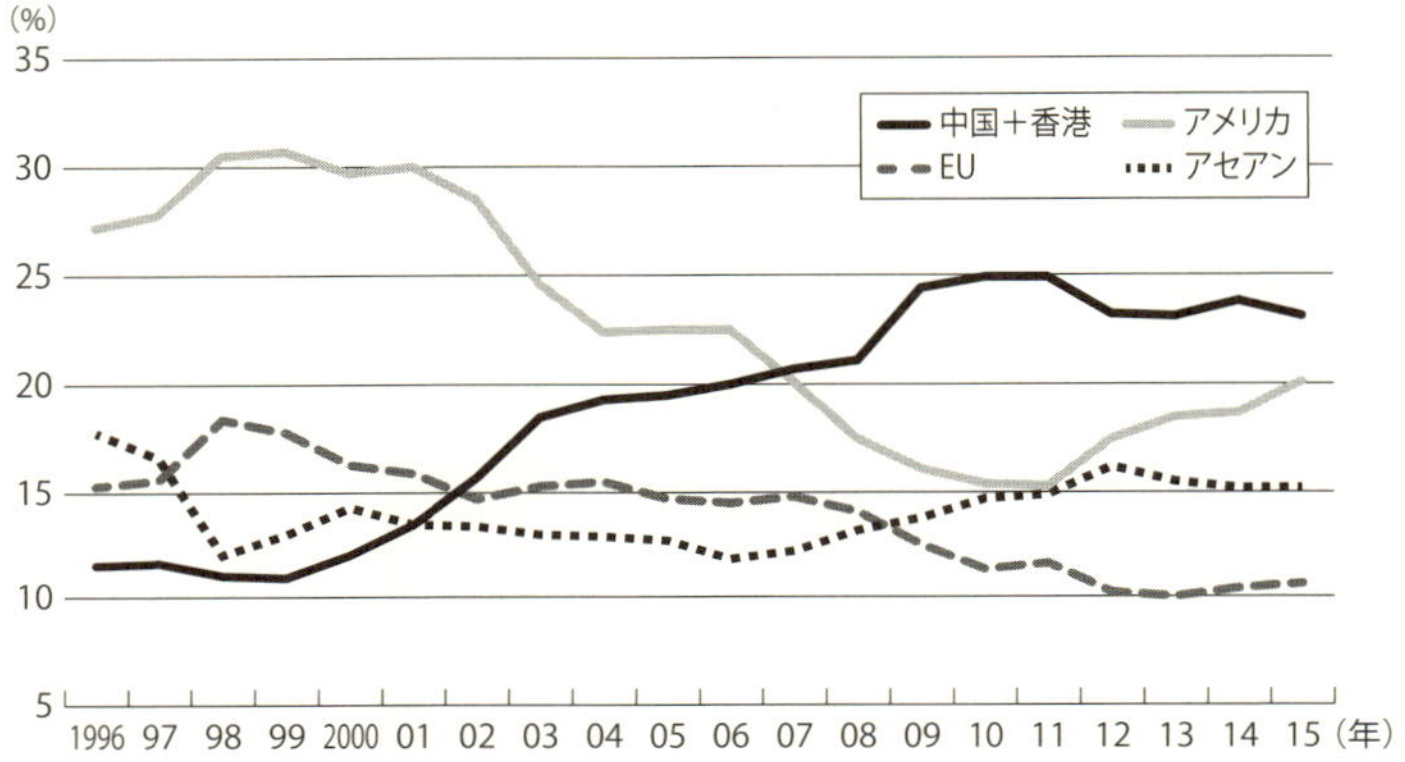

（出所）財務省貿易統計

摩擦が大きくなると、アメリカの比重を大きくして、米中間でバランスをとっているような輸出の動向である。ちなみに、米中のシェアの合計値はこの二〇年間四〇％前後で安定的である。

一方、ＥＵの比重が年々下がり、その分だけアセアンの比重が高くなってきた。じつは後に見る海外事業活動（海外生産）でも同じような傾向があり、日本の製造業の輸出はアメリカ、中国、アセアンが中心であったのである。

海外生産と輸出の連動

その海外事業活動の歴史的変化（海外現地法人の活動状況）を表にまとめたものが、表17-1である。二〇一四年が最新データの年である。

表17-1　製造業海外事業活動の歴史的変化

	従業員数／全世界総数（万人）	地域構成比（%）		
		アメリカ現法	中国現法	アセアン現法
2000年	280.6	18.0	21.1	32.8
2005年	362.2	11.2	35.3	30.6
2010年	397.3	8.8	35.2	28.5
2014年	456.6	9.7	33.8	27.8
	売上高／全世界総額（兆円）	地域構成比（%）		
		アメリカ現法	中国現法	アセアン現法
2000年	56.2	38.2	9.0	13.8
2005年	87.4	31.2	14.3	16.3
2010年	89.3	23.5	23.4	19.9
2014年	129.7	23.3	24.3	18.9

（出所）経済産業省海外事業活動基本調査

たとえば、二〇一四年の海外現地法人（以下、現法）雇用四五七万人の三分の一は中国における雇用である。アメリカは一〇%以下のシェアである。中国での雇用は二〇〇〇年には二一%だけだったから、じつに大きく伸びている。この一五年間の中国での雇用拡大の実数はおよそ一〇〇万人であった。尖閣諸島問題以降も、伸びは多少鈍ったものの、雇用拡大傾向は続いている。

二〇〇〇年の数字と二〇一四年の数字を比べると、日本の製造業の海外展開が二一世紀に入ると急速に進んできた様子がよくわかる。海外での雇用は二八〇万人から一七六万人ほど拡大している。この同じ時期に、国内の製造業雇用は九一八万人から七四〇万人まで、ちょうど同程度（一七八万人）減少しているのに、海外展開は活発だったのである。

これは一見、雇用の空洞化が海外展開に

よって起きたとも見えるデータだが、じつは空洞化と呼ぶべきではないと私は思う。この期間、日本の国内需要は低迷したが、製造業は生産性の向上に努めた。したがって、昔と変わらない国内需要を少ない雇用で生産できるようになったのである。つまり、生産性向上による国内需要向け雇用削減が起きたということで、海外生産に仕事をとられたわけでない。

日本の製造業の現法の売上は、雇用と同じように拡大し、二〇一四年には一三〇兆円規模になっている。同じ年の日本の輸出総額が七六兆円ほどだから、その七割増しの大きさにまで拡大しているのである。二〇〇〇年には輸出（五二兆円）と現法売上（五六兆円）の大きさは似たようなものだったから、この一五年間にいかに海外生産が進んできたかがわかる。

国別の売上シェアをみると、中国の増加が目覚ましい。アメリカは低下してきているものの、アセアンよりも大きい水準を保っている。自動車などの高額商品の販売が多いことがアメリカでの現法売上が大きい一つの理由である。

現法売上の国別シェアの二〇〇〇年以降の動きは、じつは図17-1でみた輸出の国別シェアの動きに似ている。ともに、アメリカが大きくシェアを落とし、その分だけ中国のシェアが上がっている。アセアンのシェア上昇のパターンも、輸出と海外生産とで似ている。

この事実は、輸出と現地生産活動がじつは密接に関連していることを示唆している。まず、製品輸出があるから、それがもたらす市場的地位を利用して現地生産が可能になる。さらに、現地生産をするから、その生産に必要な部品や素材の日本からの輸出が可能になる。その輸出をする企業は、同じ産業に属することが多く、ときには現法の親会社であることも多い。ここでも、輸出と現地生産は、一つ一つの製品単位では代替的かもしれないが、産業としては代替的ではなく、むしろ連動的なのである。

ピザ型グローバリゼーションが日本の基本

なぜ、連動するのか。なぜ、輸出と海外生産が代替的でないのか。それをデータでみるために、表17-2では二〇一四年現在の現法と日本との関係をくわしく分析してみよう。

この表はタテに読むように作られている。最初の三行は、法人数、従業員数、売上高の二〇一四年の実数である。それを、全世界と三つの国と地域別に示してある。

そうした現法売上の業種別構成比を、海外展開が活発な四つの産業について掲げたものが、次の表の部分である。全世界では輸送機械（大半は自動車）の比重が四七％、アメリカでは五一％である。つまり、日本産業の国際展開のほぼ半分は、自動車産業のものなのである。

こうした現法の売上の売り先構成比を掲げた部分がその下の三行である。日本への輸出が一番少なく、現地売上がいずれの地域でも五割以上（アメリカでは七割以上）、第三国への輸出が三〇％前後である。日本への輸出が大きいのは中国現法であるが、それでも二割に届かない。つまり、日本へ逆輸入するための海外生産は全地域を合わせると一〇％程度しかないのである。

現地での生産活動には、部品や原材料の仕入れが当然に必要となる。その仕入れ高の実数とその仕入れをどこからしたかの構成比が、この表の一番下の部分に掲げてある。

表17-2　2014年の製造業海外事業活動の内容

	全世界現法	アメリカ現法	中国現法	アセアン現法
回答法人数	9,363	932	3,582	2,190
従業員数（万人）	456.6	44.5	154.2	126.8
売上高（兆円）	129.7	30.2	31.5	24.5
地域別業種構成比（地域売上の%）				
輸送機械	46.9	51.0	35.0	54.4
電気機器	16.1	3.7	25.3	15.9
化学	9.3	12.4	4.1	6.5
一般機械	8.2	8.2	10.6	6.1
売上先構成比（%）				
現地販売	54.7	71.6	57.5	50.1
第三国へ輸出	34.8	26.2	23.0	34.1
日本へ輸出	10.5	2.2	19.5	15.8
総仕入高（兆円）	85.2	18.3	21.5	16.7
仕入れ先構成比（%）				
現地調達	57.7	62.3	64.2	61.1
日本から輸入	24.4	27.2	21.5	20.8
第三国から輸入	17.9	10.5	14.3	18.1

（出所）経済産業省海外事業活動基本調査

やはり、現地調達がどの国の現法でも一番多い。六割程度である。日本からの輸入は二五％程度で、国と地域ごとにも大きな差はない。この日本からの輸入のうち、二一％程度が親会社からのもので、つまり大半は親会社からの仕入れということになる。そして、海外現法の日本からの輸入総額二〇・八兆円はこの年の日本の輸出総額七三・一兆円の二八・五％にもなる。

また、現地調達五七・七％（全世界）の中で日系企業からの仕入れが一九・二％あり、日本からの輸入と合わせた日本関連仕入れは現法仕入れの三三・六％、つまりほぼ三分の一である。こうして、現法の仕入れの三分の一が日本関連、日本の輸出総額の二八・五％が現法向け、ということになる。現法と日本のつながりは深く、大きい。日本の輸出と海外現地生産の連動性の高さを示す数字である。

つながりの深さは、海外で行なう生産工程と国内で行なう生産工程の間に緊密な関係をもつことによって生まれる。一つの企業の生産工程の長い流れをさまざまな部分（工程）に細分化して、そのどこを国内で行ない、どこを海外のどの国に立地させるか、そして自社の現法がその全体の仕事の流れのどこを分担するのか、という複雑な国際分業のパターンを志向するのである。

たとえば、一つの製品が実際にでき上がるまでの工程を、製品設計、基幹部品生産、一般部品生産、最終製品組み立て、という四つの工程に大別して考えて、製品設計と基幹部品生産は国内で行ない、一般部品の生産あるいは現地調達と最終製品組立は現法が行なう、という企業内での工程間国際分業をある建設機械メーカーがやっている。この場合、基幹部品は日本から輸出され、海外現法の親会社からの仕入れとなる。

こうした緊密な企業内国際分業が行なわれる結果として、日本の親会社からの輸入（日本から見れば輸出）は現法がかなり請け負うことになる。それが、親会社からの輸入が現法仕入れの二四・四％になる、という表17-2の数字に表れている。関連企業もまた同じようなことをするだろうから、それが現法の日系企業経由の現地調達一九・二％という数字のかなりの部分になる。

こうした国際分業のパターンを、私はピザ型グローバリゼーションと呼んできた。ドーナッツ型の国際分業で国内が空洞化しがちなアメリカの産業の国際分業との違いを強調する表現である。

大きな円盤型のピザは、ドーナッツのように中心部が空洞ではなく、中心部と周辺がつながっている。ピザ職人がピザを作るときは、厚い小さなピザ生地を、遠心力を利用して伸ばし、広げていく。その時、中心部の生地は徐々に薄くなっていき、その分だけ周辺が大きくなる。しかし中心部はいつまでもなくならず、最後には真ん中にトッピングをのせてピザが完成する。

国内の産業（ピザ生地の中心部）は完全な空洞にはならず、しかもしばしば一番おいしい部分（トッピングののった部分）が国内に残る。ピザ型の緊密な国際分業を伴った国際展開の成果である。

ピザのトッピングは、複雑性セグメント

こうした国際展開を日本企業の多くがあえて目指すのは、重要な仕事を国内に残すことによって雇用と技術の両方を維持したいという経営の意思があるからであろう。とくに、技術の空洞化への恐れの気持ちが強いようだ。ある事業部門の製品開発から生産まで根こそぎ海外へ持っていってしまうと、雇用の空洞化が起きるだけでなく、技術の根がなくなる。根こそぎでなくとも、中核技術が国内から消えても、それは大変なことである。そうした技術の空洞化がこわい。将来の競争力の源泉を失うことになりかねないからである。

ピザの真ん中に残る自分の産業の部分は、仕事の工夫の余地の大きいものであることが望ましい。工夫の余地が大きいほど、新しいものを生み出せるチャンスも大きいということで、それがピザのトッピングの候補になる。

その役割を果たせるのはその産業の中の、複雑性セグメントとでも呼ぶべきセグメントであろう。複雑な工程、複雑な技術、複雑な製品、複雑なサービスを必要とする機能などがその例である。工程のセグメントであれ、技術のセグメントであれ、製品のセグメントであれ、機能のセグメントであれ、複雑性を基本的特徴とする産業の部分（セグメント）のことである。

そうしたセグメントは、日本の組織や技術の得意技を生かせるものであろうし、またそれがなければ産業の根幹が成立しにくいようなものだろう。だから、日本に残す部分として意味があるのである。

複雑性セグメントを多数抱えた産業の例が、自動車産業であろう。一台の乗用車には三万点の部品が必要で、その三万点の部品が最終組み立ての現場には順序よく揃わなければ組み立てはできない。生産システム自体がすでに複雑性セグメントを多数抱えている。また、技術的にも、電子技術などさまざまな新しい技術革新を取り入れて、自動車はますます複雑な機械になってきた。技術的にも複雑性セグメントが多数ありそうだ。

自動車だけではない。幸いなことに、日本の産業構造はじつはすでに、そうした複雑性セグメントを多数抱えた産業が中心的な存在になるような流れになってきている。前章で日本の産業構造の歴史の流れの中で「複雑機械化」と呼んだ第三の波がそれである。一般機械でも電気機械でも、そしてもちろん自動車でも、複雑性の高い機械産業が日本の中心になっている。

だからこそ、じつはピザ型グローバリゼーションもかなり自然に進行してきたのである。ピザのトッピング候補がきちんと存在すれば、海外へと生産の一部が出て行っても、全体の生産システムが国境を越えて拡大していった、と思えばいいからである。もしトッピング候補がなければ、いつまでも国内にとどまって国際競争力を失うか、あるいは空洞化して海外へ行くことになって、いずれは根がなくなって海外でも枯れていく、ということになりかねない。

じつは複雑機械産業だけでなく、ほとんどの産業に複雑性セグメントはある。技術であれ、工程であれ、製品分野であれ、機能であれ。ただ、複雑性セグメントの比重の大きさが産業によって違うだけである。しかし大切なのは、どの産業にも複雑性セグメントはある、ということを認識し、そのセグメントを効果的に利用した国際展開のパターンを考えることである。つまり、複雑性セグメントは大半の産業に存在するから、そのセグメントをピザのトッピングにして日本の産業は国際展開していけるのである。

たとえば化学産業は、素材系産業の中では複雑性セグメントの多い産業の典型であろう。化学産業にはポリエチレンのような汎用素材もあれば、半導体フォトレジスト（半導体生産工程で使われる感光制御材）や医薬品のような、じつに複雑な製品構造をした製品もある。最近話題になることが多いナノテク材料も多くが化学産業の製品だし、太陽光発電装置やリチウムイオン電池の中に使われている先端素材もほとんどが複雑な化学製品である。だから、化学が業種としてかなり国際化が進んでいる産業になれるのであろう。

さらに意外な例をあげれば、食品産業にも複雑性セグメントはかなりありそうだ。まず、最終製品設計の複雑性がかなり高い。感性も加わった多様な味の設計、しかもそれを高品質で設計するという複雑さがある。第二に生産プロセスの複雑性がある。熱の加え方一つ、調理の加工時間一つで、味が全く変わる。こうした複雑性のゆえか、食品産業は輸出ではそれほど大きな存在ではなかったのに、海外生産では案外と大きい。二〇一四年で、五兆七〇〇〇億円の海外生産があり、それは日本からの食料品輸出の一〇倍以上である。

こうした複雑性セグメントを支えるのは、しばしばコモディティ型製品の大量生産を経験することによって培われた生産技術や生産設備である。大量生産をきちんと低コストでやりとげるには、生産工程上のさまざまな工夫や厳格な管理が必要である。そこで生まれる生産技術の蓄積や設備の工夫あるいは生産システムの工夫が、複雑性セグメントを経済的に採算のとれる範囲内で事業化することを可能にしている。

これはきわめて大切なことである。複雑性セグメントはコモディティとの組み合わせではじめて経済的に成立する、ということになるからである。つまり、複雑性セグメントだけで一つの産業・事業を成立させることはできず、複雑性セグメントの確保には逆説的だがコモディティ製品の生産ベースを何らかの形で維持する必要があることが多いのである。だから、複雑性セグメントだけに特化しようと勝手に企んでも、それは失敗する危険が大きい。

こうして、コモディティ製品は複雑性セグメントのための縁の下の力持ち、言わばインフラ的な役割を果たすことが多い。だから、コモディティ製品と複雑性セグメントとの組み合わせが重要となる。それは、既存事業の中での「インフラになり得るベース」部分を守りつつ、複雑性セグメントに大きく注力するということになる。

その結果として生まれる国際展開のパターンは、日本にもかなりの生産が残る、まさにピザ型グローバリゼーションになるだろう。

日本列島の三つの顔

ピザ型グローバリゼーションでは、日本列島をネットワークの中心とする国際分業ネットワークが作られる。そのネットワーク全体で生産される製品の販売先は、現地市場が第一で次に第三国市場であり、日本への逆輸入はそれほど大きな比重にはなっていない。

こうしたパターンは、アメリカ企業が経験してきている企業内国際分業のパターンとはかなり違う。

海外での生産活動を指す「言葉」そのものに、じつは日米で意味深長な違いがある。アメリカでは、海外生産のことをしばしば「オフショア生産」、という。それは、オフショアつまり自国の海岸から離れたところで生産する、という意味で、オンショア（つまり自国の海岸）にその製品を持ち込む、という意味が暗示された言葉である。つまり、現地調達によって「海外」で生産し、本国の市場に向けて販売するというニュアンスを持っている。

日本で典型的に海外生産を表現する言葉は、「現地生産」である。現地、つまり市場のあるところで作るのである。もちろん、その製品は現地で販売されることが暗示されている。だから本国に持ち帰ることを「逆」輸入とさえ表現する。

二つの言葉のニュアンスの違いに表れているのは、海外生産を本国の生産システムとつながった海外拡大ととらえるか独立前線基地と捉えるか、という違いであり、市場をどこに想定しているか、という違いである。

日本企業の海外生産は、本国の生産システムとかなり密接に統合されていて（言い換えれば、あまり独立せず、本国の「外延」として考えられている）、おもな市場は現地に向けられている。つまり、現地の市場に浸透していくために、本国と統合された生産基地を海外に展開しているのである。

その統合のために、海外へ移転していく生産活動と日本に残る生産活動との間の緊密な体制をつくろうとする傾向が日本の産業には強い。そのために、産業の一括移転が起きるのではなく、かなり複雑な工程間分業が国境を越えて生まれる。それがまた、真ん中に位置する日本で行なわれる作業の工夫の余地を生む。

そうした努力が、ピザ型グローバリゼーションを生んだ。その結果、日本列島は日本の製造業にとって三つの顔をもつことになった。

第一は、先端技術製品の開発工場列島という顔である。開発と初期生産は日本で、通常生産は東アジアあるいは市場のある国でという分業がこうした顔を成立させる。もちろん大量消費・組み立て産業も、リード役は降りるがかなり日本に残り、その産業の先端技術セグメントの開発工場は日本におかれ続ける産業が多いだろう。

第二は、部品・素材・資本財の供給列島という顔である。海外現法の生産のためにも、あるいは外国の製造業の生産のためにも、日本の優れた部品、素材、資本財の供給が行なわれていく。それが複雑性セグメントであれば、ますます日本の競争力は強いだろう。IT機器への部品供給列島としての日本、というのがその具体例である。

そして第三は、巨大な高級需要列島、そしてそれへの供給列島という顔である。日本のように一億二〇〇〇万人の巨大な人口が高い平均所得と高級でかつかなり同質的な需要をもっている国は、ほとんどない。その需要には実験的需要もかなりあり、先端技術やデザインの訓練の場にもなる。

こうした三つの顔を、一つの国が同時にもてる国は世界にも多くない。日本の製造業の将来について、悲観的になる必要はない。

第18章

サービス産業の未来

異なる二つのイメージ

前章ではピザ型グローバリゼーションについて考えた。製造業の最大の課題は国際展開だと思うからである。では、製造業よりもはるかに雇用者の多いサービス産業（第三次産業）、日本の総就業者数のうち七二％が働いているサービス産業では、何が最大の課題だろうか。

ここには、二つの異なるイメージがあるようだ。一つは、日本のサービス産業の生産性の低さを指摘し、その改善こそが最大の課題だ、というイメージ。たしかに、就業者数で七二％、産業別ＧＤＰでは七四％もの比重を日本経済全体にもっているサービス産業の生産性が低ければ、経済全体の発展の足を引っ張るという意見は、十分あり得る。

もう一つのイメージは、「お・も・て・な・し」と称される日本のサービスである。それだけのサービスの質の高さがあるのだから、インバウンド（日本国内への海外からの需要）の需要成長（海外からの観光需要や国内小売業のインバウンド需要）も期待できるし、サービス産業の海外進出（日本からのアウトバウンド）も期待できる、というのである。このイメージのもとでは、日本のサービス産業の最大の課題は国際展開（インバウンド、アウトバウンドの両方で）ということになるだろう。

つまり、二つのイメージとは、生産性の低い日本のサービス産業というイメージと、サービスの質の高い日本のサービス産業という異なるイメージなのである。

二つのイメージはじつは関連し合っている。一つには、生産性を上げれば国際展開がよりやりやすくなる、という二つの課題の間の関係である。しかし、もう一つの関係の方がより大切だと私は思う。それは「おもてなしの日本だからこそ生産性が低くなりがち（あるいは低く計算されてしまう）」という関係である。この第二の関係をきちんと見すえた上で日本のサービス産業の未来を考えないと、サービス産業を見る眼としては誤った像を提供しかねない。

ただし、サービス産業とは、じつに多様な産業群の集まりである。生産性が高い分野もあれば、おもてなしとは関係が小さそうな分野もある。それを、章の冒頭で確認しておく必要もあるだろう。表18-1はそうした多様な分野の就業構造の歴史的変化を見るための表である。

この表は、多様なサービス産業のさまざまな分野で、かなり異なった歴史的展開があったこ

表18-1 サービス産業の就業者構造

（単位：万人）

	1991年	2002年	2015年
電気、ガス、熱供給、水道業	33	34	29
情報通信業	378	158	209
運輸業、郵便業		327	334
卸売業、小売業	1,433	1,108	1,054
金融業、保険業	263	169	153
不動産業、物品賃貸業		101	120
学術研究、専門・技術サービス業	1,446	204	214
宿泊業、飲食サービス業		396	383
生活関連サービス業、娯楽業		243	230
教育、学習支援業		277	303
医療・福祉		474	784
複合サービス事業		76	59
その他サービス業		374	407
サービス産業計	3,553	3,941	4,279

（出所）総務省労働力調査

とを示している。たしかに全体としてのサービス産業の就業者数は大きく増えてきた（バブル崩壊以降、じつに就業者数が七二〇万人以上も増加した）が、増加の過半は医療・福祉と情報通信の二つの分野なのである。とくに医療・福祉の存在感の大きさは圧倒的である（二〇〇二年に政府統計の産業分類が改定され、それ以降はじめてサービス産業の詳しい分類データが公表されるようになったので、一九九一年のデータは古い分類のままである）。

しかし、サービス産業の就業者数の大幅な増加は、「サービス産業の発展」とばかり表現できることではない。日本のマクロ経済全体が成長しないまま、製造業が生産性を上げ続けている。そのため、製造業の雇用が減る。国内需要が低迷しているものを、少ない労働者数で供給できるようになっているからである。その減った雇用の分だけ、サービス産業に流れ込んでいる。

もちろんそれだけではなく、医療・福祉分野の就業者数が増えたのは、高齢化の進展という社会全体の動きが背後にある。具体的には、医療・福祉分野では二〇〇二年以降に製造業の雇用減少（一八七万人）をはるかに上回る三二〇万人という就業者増があった。その背後には、国の社会福祉制度の一環として介護などの福祉分野への財政支出が大きく注入されてきたことがある。

つまり、サービス産業の雇用増加のかなりの部分は、国の財政赤字の増加と表裏一体の関係がありそうなのである。いつまで医療福祉での雇用増加が維持可能なのか。日本の財政赤字の深刻さを考えると、心配させられる財政依存の就業者増ではある。

サービスの生産と製造業の製品生産との違い

サービス産業に属するさまざまな産業はたしかに提供するサービスのタイプがじつに多様なのだが、その供給プロセスには共通性がある。そして、それは製造業での製品供給プロセスと大きく違う。

サービス財生産に共通した特徴は、しばしばサービス財生産の特殊性とも言われるが、次の三つである。

①生産と消費の同時性
②人が最終供給に介在することが大半
③需要者が供給者になることも、その逆も、しばしば可能

生産と消費の同時性とは、サービス財を消費することと生産することが時間的にも場所的にも同時に起きる必要がある、ということである。

わかりやすい例として、飲食サービス業の例で説明しよう。料理を提供するというサービスは、それが供給されると同時に消費される。逆に言えば、消費の瞬間に供給されなければ意味がない。また、消費の場所と生産の場所が同じでなければ、飲食サービスは成立しない。だから、製造業と違って、サービス産業には在庫というものがないし、財そのものの輸出もふつうはできない。知的財産権の貿易などがあるが、それは財産権という言わばモノに形を変えた財の国境を越えた提供（つまり輸出）で、飲食サービスそのものは輸出できない。

サービス生産の第二の特徴は、その供給が人間によって行なわれる必要が大きく、だから人が介在することが大半であることである。たとえば、電話応答サービスのIT化など無人化サービスもないではないが、大半のサービス財は人間が他の人間に供給するものである。だから、「おもてなし」のサービスになり得るのである。

製造業では、人間の介在を極力排除した生産プロセスの自動化が可能である部分は大きい。それによる大量生産や省人化で生産性を上げることができる。それができないサービス産業で

は、だから生産性の向上に限界があるし、また企業間の生産性格差も大きい。生産を機械で行なえる製造業では、同じ機械を入れれば同じような生産性を達成できるが、サービス生産は介在する人間の質によって顧客満足度などが大きく変わるので、その個人間格差を反映して企業間の格差も大きくならざるを得ないのである。

サービス生産の第三の特徴は、需要者と供給者が立場を変えることが可能であることである。これも飲食サービスを例にとればわかりやすい。飲食サービスの需要者である一般の消費者は、二つのケースで自分が供給者に変化することがあり得る。一つは、外食をせずに自分で料理をするというケース。第二のケースは、家庭の主婦が自分の料理の腕を利用して、自分が小さなレストランを始めるというような、自分で供給し自分が消費していたサービスを他人に供給し始めるというケースである。

あるいは、保育のサービスを家庭の中で自分あるいは家族が供給していた人が、外部の保育園を利用するようになるといったケース。これは、サービスの自己供給者が他者による供給の需要者へと立場を変えている。

こうして自己供給・自己消費をしていたサービスが市場へ出てきて、外部からの市場供給を受けるようになる事例は、サービス産業の拡大の大きな部分である。自分でやっていたことを外部にアウトソースする、と言い換えてもいいだろう。それが可能なのは、自分でも他者でも類似のサービスを提供できるというサービス財生産の特徴があるからである。つまり、サービス財の多くは生産プロセスが簡単なものが多く、自己供給か他者からの供給かの選択が現実的に可能になるのである。

この特徴は、サービス供給の一部を消費者に肩代わりしてもらうことも可能になる、ということも意味する。消費者でもできるサービス部分が多いからである。

たとえば、家具を売るというサービス業で、家具の組み立てプロセスの一部を消費者が肩代わりしたり、買った家具の運搬プロセスを消費者が肩代わりして自宅へ持ち帰りをしている。家具を部品の集まりとして買って自分で組み立てる、その部品の入った段ボールは自分で自宅へ店舗から持って帰る、というタイプの家具屋さんが増えている。まさに、サービスの一部肩代わりをして、供給側のコストを下げているし、あるいは消費者自身がサービスの自己供給を楽しんでいるのかもしれない。

経済のサービス化のメカニズム

この章のはじめに、日本経済でのサービス産業の比重が増えていること（これを経済のサービス化という）を紹介したが、それでもこの比重は欧米諸国と比べると低い。ただし、ドイツを除いて。

どこの国でも、経済が発展するにつれてサービス産業の比重は高まっていくのだが、その結果の国際比較をしたのが、表18-2である。

この表の数値は、粗付加価値額にもとづく二つの産業の一国の中の比重である。表16-1の産

表18-2 主要国のサービス産業化

(%)

	1980年		2010年	
	製造業	サービス産業	製造業	サービス産業
日本	26.9	57.7	17.8	72.4
ドイツ	28.9	57.1	21.5	69.5
アメリカ	19.2	68.7	11.7	79.9
イギリス	24.3	56.5	10.0	77.7
フランス	20.6	64.3	10.3	79.3

(注) EUKLEMSデータサービスの粗付加価値額に基づき計算。2010年の列の日本の数字は2009年。「サービス産業」は電力・ガス・熱供給・水道業を含まない
(出所) 森川正之『サービス立国論』(日本経済新聞出版社、2016年、p.27表)

業別GDPの比重と同じようなものだと思っていい。

主要国でもっとも経済のサービス化が進んでいるのがアメリカ、もっとも遅れているのがドイツであること、そして日本はドイツに近いが日本もドイツも製造業の比重がず抜けて高い国であること、その二つがよくわかる。

経済の発展とともにサービス産業の比重が高まるおもな原因は二つある。第一に、経済の発展は所得の増加となり、それによって人々のサービス財への需要が増える。第二に、製造業とサービス産業の生産性上昇に格差があり、生産性上昇のペースが遅いサービス産業の価格が製造業の製品よりもより大きく上昇すること。以下、この二つの原因をさらに解説しよう。

人々の所得の上昇とともにより多様なサービスを人々が欲しがるようになるのは、まず自然なことである。さらに、前節のサービス生産の特徴第三(自己供給も外部需要も可能)により、これまで家計が自己供給していたサービス財を市場で求めるようになって、サービス産業への需要が大きくなる。所得が増えると外食ができるような余裕が生まれるというの

が、その典型例である。

もちろん、所得の上昇にともなう需要の増加は製造業の製品でも起きるだろう。しかし、生産性上昇のペースがサービス産業の方が遅いので、需要の増加によって価格が上昇するペースがサービス産業の方が速くなる。

サービス産業の生産性の上昇が製造業のそれよりも遅い理由は、機械化などさまざまな手段によって製造業の生産性を上昇させることができるが、サービス産業ではサービス財の供給の特徴第一（在庫不可能）と第二（人の介在）によって大量生産や機械化といった生産性上昇の手段がより少ないからである。

その結果、製造業は需要量が拡大しても価格がそれほど上がらない、むしろ低下傾向を見せるようになるのに、サービス産業の価格は上昇傾向を見せる。自動車やパソコンの価格と床屋の料金を振り返ってみれば、読者もその通りだと思うであろう。

つまり、サービス産業での供給の効率的拡大は簡単でないのに需要は増えるから、価格がより大きく上がりやすい。とすると、サービス産業の付加価値は名目価格ベースで製造業の付加価値よりも速いペースで拡大する傾向をもつ。別にサービス産業がとくに価値を生み出すからでなく、生産性が上げられないのに需要が増えて価格が上がってしまうからである。

したがって、国全体での比重を計算すると、生産性上昇がしやすい製造業の比重は下がっていってしまうことになる。それは、サービス産業の発展と表現すべきようなことでなく、むしろサービス産業の生産性が悪いから起きる現象であるとも言える。

以上の論理は、すでに気づかれた読者もおられると思うが、一つの国の中での製造業とサービス産業の間での国内需要のとり合いを想定した論理である。この論理に、製造業が国の外からの需要を獲得して（典型的には輸出）、その分だけ製造業が国内で生み出す付加価値の額を増やせる、という可能性をつけ加えると、ドイツや日本の製造業の比重がアメリカ、イギリス、フランスよりも高いことも説明できる。

輸出の比重の高い国では、輸出によって製造業が付加価値を国内に落としてくれる規模が大きくなる。だから、サービス産業の付加価値が先に説明したような論理で拡大して行っても、まだ国内の産業全体に占める製造業の付加価値の比重をある程度に保つ余地があるのである。つまり、日本やドイツで経済のサービス化が遅れているように見えるのは、サービス産業の生産性が低いからというより、製造業の生産性が高く、国際競争力が強いことの表れという部分がある、と解釈できるのである。

そう考えると、輸出が二一世紀に入っても日本よりもかなり大きな比重であり続けているドイツの方が、日本よりもさらに製造業の比重が高いままで、だから経済のサービス化の進展度合いが日本よりもさらに遅いというのは無理もない。

ただし、アメリカなどでサービス産業の比重が国内で高い（二〇一〇年でほとんど八〇％）ことの理由は、製造業の輸出の影響だけではないだろう。サービス産業の付加価値が大きくなるメカニズムをさらにアメリカなどはもっているように思える。

一つは、サービス需要を自己供給から他者供給に切り替える（つまり、市場で買うようになる）

から、産業側としては売上が大きくなる、というメカニズム。アメリカでは食事も家事サービスも、あるいは企業の経理事務や人事給与計算サービス、果ては身の上相談のような心理的カウンセリングサービスも、さまざまなサービスが自己供給から市場供給に切り替わる度合いが日本よりも大きそうだ。女性の職場進出が進んでいることも、その背景にあるのだろう。

もう一つのサービス産業の付加価値拡大メカニズムは、サービス財の需要者によるサービス供給の一部の「無料」肩代わりである。前節のサービス生産の特徴第三で説明したことである。セルフサービスという言葉が、小売りからガソリンスタンドまで、アメリカでは早くから普及した。そのセルフサービスになっているサービスの部分は、日本ではサービス業者が供給しているのに、アメリカでは需要者に肩代わりしてもらっているのである。その分だけ、サービス業者のコストは小さくなり、同じ売上でも付加価値は大きくできる。

おもてなしの国・日本のサービス産業の発展の道

しかし、おもてなしの国日本では、肩代わりどころかコスト負担を企業の側がする分が多くなり、だから付加価値は低く計算される傾向を本質的にもっているようである（それを過剰サービスというか、価値あるサービスというか、状況によって微妙な場合があるが）。

そこを突き抜けて、日本のサービス産業が発展して行く道をどう考えるべきか。

もちろん、アメリカと同じようなサービス産業の付加価値拡大メカニズム（サービスの市場化と無料肩代わり）が日本でも進むであろうが、しかしそれだけでは人口減少時代に入ってしまっている国のサービス産業としては、不十分であろう。人口減少ということは、そもそも国内需要が減る傾向を意味するからである。

道は大別して二つあると思われる。一つは、苦手の生産性上昇を、おもてなしを維持しつつ（つまりサービスのきめの細かさという魅力を維持しつつ）実現する道。その際には、ＩＴ技術の活用が大きな鍵になるだろう。第二に、サービス産業の国際展開を図ること。インバウンドもアウトバウンドも含めて、海外からの需要の取り込みで規模拡大を図るのである。

第一の道をとって産業の発展に成功した典型例が、宅配便サービスであろう。そのサービスのきめの細かさと信頼性の高さには、外国での商品宅配事情を知っている人のほとんどが驚嘆する。そして、そのサービスレベルを低コストで実現するために、膨大なＩＴ投資が背後にある。配達に実際に来るセールスドライバーの努力だけではないのである。

すでに第16章で日本がＩＴ革命で出遅れた本質的な理由をコンピュータサイエンス関連の人材の供給量で説明したように、日本がＩＴ関連サービスそのもので発展していくことをメインの道にするのは無理が多そうだが、サービスの現場では十分にＩＴを活かしていけるだろう。しかも、ＩＴが進歩すればいいだけでなく、サービスは結局は人が人に対して行なう行為だから、そこでの勝負に持ち込めれば、おもてなしの国のサービス産業には価値拡大の余地がある。

国際展開という第二の道を取る日本のサービス産業も増えてきた。観光を中心とするインバウンドの需要獲得には、日本のサービスのきめの細かさは大きな武器になるであろう。

しかし、アウトバウンド、つまり海外の需要の海外での獲得については、サービス産業特有の二つの難しさがある。

第一の難しさは、輸出によって海外市場の土地勘をまず作ってから、直接投資によって事業進出する、という製造業の国際展開プロセスの王道がとれないという難しさである。サービス産業では在庫の備蓄や、日本で生産して輸出することができないからである。

第二は、輸出を飛び越えていきなり海外での事業展開を図る際に、現地の人材に日本で培ったサービス提供のノウハウをどの程度まで移転できるか、という点である。それは、おもてなしを海外の現場でどの程度実現できるかという難しさと考えてもいい。

サービス財とは人が介在して、最後は人が実行することで売れる財である。それを海外の現場で実現するためには、現地の人材の質が決定的に重要になる。

たしかに、マニュアルを作って作業の単純化をする、ITを活用して作業の効率化を図るという手段もとれるのだが、それでも現地の人材の質が製造業の海外進出よりもかなり大きな問題として残らざるを得ない。それが、「人が介在する」サービス生産というものの宿命である。製造業の場合は、生産機械を現地に持ち込めば問題がかなり解決できるのだが、その手段がサービス業では限られている。

したがって、こうした現地提供プロセスの難しさを考えると、サービス産業の海外進出が成功するためには、何か追加的な魅力（たとえば提供される商品のタイプやコンセプトに日本発のイノベーションを盛り込むというような追加的魅力）が必要となる可能性が高い。

つまり、すでに現地市場で供給されている商品と似た商品を日本企業がより品質を高く供給でき、かつ効率的に生産できるがゆえに、海外進出に成功するという多くの日本の製造業の成功の方程式は成立しないのである。必ずしも「日本」という魅力である必要はないが、しかし現地にはない追加的な魅力がないと成功しにくい。

日本発のサービスイノベーションの海外進出の典型的な成功例が、和食レストランであることは、こうした事情を物語っている。和食というコンセプトレベル、商品レベルでのイノベーションがある（海外の眼から見ればイノベーションである）からこそ、日本企業の進出が海外で成功できる余地が生まれる。

しかも、和食の例は、たんにサービス行為そのもの（たとえば、調理法、サービスの仕方）のイノベーションがあるだけでなく、じつはサービスの現場でモノが供給されている。てんぷらや寿司というモノがあるのである。そのモノのコンセプトの新しさと、その供給プロセスの面白さが複合効果を呼んで、サービス財の海外進出を可能にしている。

じつは、「モノとの協働でサービス財の魅力を大きくする」という特徴は、和食のみならず日本のサービス産業の海外進出の基本方程式の一つだと思われる。モノが全くない、純粋なサービスだけでの海外進出は、まだまだ難しそうである。

そうした「モノとサービスの協働」の面白い事例だと思えるが、たとえば良品計画の海外進出である。良品計画は無印（ＭＵＪＩ）というブランドの小売店を全世界で展開しているが、その店で売られている商品はすべて日本の本社で企画し、統一感のあるデザインをもった商品ばかりである。そして、開発・提供される商品には、日本発のコンセプトが盛り込まれたり、日本のテイストが生かされたりしている。その上、店舗というモノも本社の統一的なデザイン管理のもとで作られており、ここでも店舗というモノが、小売りサービスの大切な舞台装置として、サービスの魅力増大を助けている。

おもてなしの国日本は、その生産性の低さをなげくのではなく、おもてなしをますます磨き、かつ、おもてなしをモノとの協働で生かしていく。それが、国の内外でサービス産業が発展する基本の道のようである。それは、モノづくり日本のよさを生かす道とも言えるであろう。

第19章

少子・高齢化時代の日本の産業

高齢化超先進国の日本

少子・高齢化、そしてそれによる人口減少時代に、われわれはすでに入っている。それは、国内の労働力人口の減少と国内需要の減少が必至とも言える時代を意味する。その問題に日本の産業はどう向き合うべきかというテーマは、「日本の産業を考える」ことを主題とするこの第4部にとって、避けて通ることのできないテーマである。

しかし、高齢化についてはすでにあちこちで語られているので、読者にとっては「またか」という思いがあるかもしれない。それでも、高齢化では日本は世界でもダントツの先進国になっ

表19-1 高齢化率国際比較

（%）

	1996年	2015年	2035年
日本	14.9	26.7	33.4
イタリア	16.8	22.4	31.4
ドイツ	15.6	21.2	30.8
アメリカ	12.5	14.8	21.4
韓国	6.1	13.1	21.3
中国	6.0	9.6	27.4

（出所）内閣府高齢社会白書

てしまっているという事実を素朴に読者と共有することから、この章を始めたい。

表19–1は、日本に関連の深い国々の高齢化率（総人口に占める六五歳以上人口の比率）のこの二〇年間の推移と次の二〇年後の推計を見るための表である。大方の読者にはイタリアの高齢化率がヨーロッパ主要国の中では一番高いことは意外かも知れないので、イタリアを掲載している。

二〇一五年の世界の国々の中で、日本はダントツに高齢化率の高い国である。二位のイタリアを四%以上も離している。日本が世界一の高齢化率の国になったのは二〇〇五年だったが、それからずっと世界一であり続けてきたし、またこの先の二〇年間も世界一であり続けるのである。

さらに、一九九六年と二〇一五年の数字を比べてみると、日本社会の高齢化が世界一のスピードで進んできたこともわかる。もっとも、将来の二〇年間の推計を見ると、中国の高齢化のスピードは日本の記録を塗り替えて、歴史上世界最速となるだろう。二〇年後の中国は現在の日本よりも高齢化の進んだ国になる。

こうした日本の人口の現状を悲観的にとらえる向きも多い。たしかに、医療や年金の社会保障負担で財政が困難な状況を迎えるだろう。少子化とあいまって、労働力人口は減り、それだけ日本全体の生産力が伸び悩むだろう。

しかし、シニア（高齢者をこう表現しよう）の人口が増えるということは、じつはこれまでと違ったさまざまなポテンシャルを日本の産業に与える部分もある。そのプラスをきちんと見すえて、活かす必要がある。

その道を考えるときに忘れてはならないのは、シニア世代は個人間のバラツキが大きい、ということである。バラツキは、健康にも、所得にも、嗜好にも表れる。

健康の面で言えば、老人医療にお世話になっている人もまだ健康なシニアもいる。元気さのバラツキが他の世代の人々よりも大きい、と言ってもいい。そんなとき、つい悪い部分に目が行きがちとなるが、シニアについて介護ばかりを語るのではなく、元気なシニアのマーケットの方がはるかに大きいこともしっかり認識すべきである。

所得のバラツキも、高齢になるほど大きくなる。経済的に成功した人と成功しなかった人の間の差が、人生の最後の段階では大きくなるのは当然である。最近、日本社会の中の所得格差が大きくなっているという指摘が多いが、その最大の原因は高齢化だということはすでに第12章で紹介した。嗜好という点でも、シニアの間のバラツキは大きいだろう。自分の好きなものへのこだわりも大きそうだ。

こうしたシニアのバラツキの本質的理由は、シニアが過ごしてきた人生の長さが、当たり前だが、他の世代よりも随分長い、というところにある。人生経験の累積の長さが、シニアの現状にバラツキをもたらす。そんなバラツキがあるからこそ、その全体を見すえられる複眼の発想が必要となる。

人口構成は、需要、雇用、供給の構造に影響を与える

いつの時代でもどこの国でも、国の人口構成はその国の産業のあり方に大きな影響を与えてきた。

ふつう、人は雇用者として生産活動に参加するし、消費もする。所得も得るし、資産ももち、それを投資もする。シニアも同じである。社会保障の受け手としてだけシニアを見るのは、一面的である。

人口構成が産業に影響を与えるのは、人口構成という国の基礎構造が産業全体の需要構造、雇用構造、供給構造に反映されざるを得ないからである。高齢化によって国全体の消費需要の構造が変わる、労働力構成も変わる、そして変化する需要構造に対して産業としての供給構造は当然変わらなくてはならない。

高齢化による国全体の需要構造の変化として最大のものは、GDPの最大項目である民間消費の変化であろう。表19-1で示した日本の高齢化率では、人口比でシニアの率は二七%だが、シニアが世帯主である世帯が日本の全世帯に占める比重は二〇一五年でほぼ四割である。した

がって、シニア世代の消費が日本全体に占める比重は少なくとも三〇％程度はあるだろう。それは、二〇一五年の民間消費二九二兆円のうち、およそ八八兆円の規模である。

この数字は、一九九六年のシニア世代の消費額はおよそ五二兆円と推定されるから、三六兆円の増加ということになる。それだけ、シニア需要が日本全体に占めるインパクトは増えてきているのである。シニア人口が巨大である日本は、シニア需要も巨大である日本、と言い換えてもよい。そして、シニアの所得が日本ではかなり高いことを考え合わせると、日本は世界最大のシニア需要、シニア市場の国になっている。経済規模が日本よりも大きなアメリカや中国との比較でも、シニア需要の絶対規模は日本の方が大きい可能性が高い。

雇用構造の面では、高齢化の進展は労働人口に占めるシニア雇用者の比率を大きくしてきた。少子化が同時進行しているからそうなりやすいし、日本のシニアは欧米諸国と違って高齢になっても働きたいという意欲が高いからである。実際、二〇一五年の全産業雇用者のうち六五歳以上の人々は四五八万人いて、これは全雇用者数のうち八・四％、高齢者人口総数のうち一三・五％の大きさになっている。

つまり、日本全体の雇用の一二人に一人はシニア世代で、シニア世代人口の八人に一人は雇用者として働いているのである。この雇用者高齢化比率は年々上昇してきている。多くの企業の定年年齢を超えて、雇用延長が実際に広まっていることがわかる。そして、彼らシニア雇用者のかなりの部分が、その経験やノウハウの若い世代への伝承役として雇用されていると思われる。

こうして、消費の三〇%程度がシニア消費、雇用の八%強がシニア雇用、というのが日本の二〇一五年の姿だが、消費が雇用よりも大きくなっている差を埋めている大きな要因が、もちろん年金給付であろう。ただ、高齢者世帯の金融資産の豊かさも、シニア消費を下支えをしている大きな要因であることを忘れてはならない。個人金融資産のうち、六〇歳以上の世帯が保有している分が六割を超えるという。

年金給付の増加という問題は、経済の分配構造の問題である。一国が生み出す富のうち、年金としてシニア世代に分配されるものが年金だからである。もちろん、この分配構造に人口構成の変化は大きな影響を及ぼす。しかし、分配構造問題だけに日本の高齢化にかかわる問題意識が集中し過ぎているきらいがある。もっと、需要構造や雇用構造への高齢化のインパクトが議論されるべきであろう。

シニア世代は、年金の受け取り手であるだけでなく、需要の出し手でもあり、働き手でもあり、また若い世代への経験の伝承役でもある。そうしたシニア世代の社会の中の役割を多面的に複眼でとらえて、日本の産業の姿を考える必要がある。

多品種・少量・便利・割高、というシニア市場の先進国

社会の高齢化は、シニア世代の国全体の消費への量的インパクトを大きくすることを前節で述べた。そこで紹介した数字は六五歳以上の世代の数字だが、シニアという言葉を六〇歳以上

の世代と考えれば、その規模はもっと大きくなる。しかも、シニア需要には若い世代の需要とは違う特徴があるために、質的にも需要に大きなインパクトをもたらす。

その原因は、すでに述べたシニア世代のさまざまな意味でのバラツキの大きさにある。

まず第一に、シニア世代の中で嗜好や健康のバラツキが大きいことは、シニアのニーズのバラツキが大きいことを意味する。したがって、シニア需要を満たす製品やサービスはその多様性の幅は大きくなり、かつ一つ一つの製品やサービスへの需要は少量になる、という傾向をもつ。とくに、若い世代の需要と比べて、その多品種・少量という傾向は強くなる。

たとえば、極端な比較をすれば、赤ちゃんというもっとも年齢の低い層の飲料需要は、ミルクの需要が大半となる。しかも、その味に関して赤ちゃんの要求が多様ということもない。しかし、シニア世代は多種多様な飲料を需要するだろうし、ことアルコールに限ってもワイン、焼酎、日本酒、ビールと多様な飲料を要求する。その上、味にもうるさい。だから、自然にシニア飲料需要は多品種・少量になる。

つまり、シニアのニーズが多様であるために、一つの製品へのシニア市場の規模はそれほど大きくはならない。そうした小さな規模のさまざまな製品が供給される必要がある。

第二に、便利なもの、使い勝手のいいものが選択される可能性が高いのが、シニア需要のもう一つの特徴であろう。シニアの要求は、身体的な制約や嗜好のこだわりなどを理由として、それぞれ要求がかなり厳しくなることが推測される。

しかし、一見割高に見えても、価格志向が弱いから結構買ってくれる、という特徴もある。

なぜ割高でも売れるかと言えば、シニアの中には金銭的に余裕があり、かつ便利な機能を評価できる経験を持っている人たちもいるからである。本当の使いやすさ、便利さとはなにかが、わかっている人が多い。

もちろん、割高でも大丈夫となるためには、便利な機能が本格的なレベルで必要とされる。あるいは、割高でいいとはいえ、やはりある範囲内のコストで生産する必要がある。そのためには、多品種少量生産がきちんとできる生産システムを産業の側がもつ必要がある。

こうして、多品種・少量・便利・割高、という四つの言葉でシニア需要の特徴は集約される。しかし、そうした製品やサービスの開発・生産は、日本の産業の得意技ではないか。

きめの細かい配慮をして、消費者のニーズにじつに細かく対応するのは、日本企業の特徴である。便利な機能を考えるクセがついている。また、多品種・少量生産は、さまざまな市場での多様な製品開発の当然の帰結として、日本企業の得意技になった。大量生産で安く、ある程度の品質さえ保っていればよいという製品は、日本市場ではなかなか売れない。それが割高の原因の一つでもあるだが、だからこそ日本の生産システムは鍛えられてきた。

さらに、割高でも機能やデザインさえしっかりしていれば構わないというのは、日本のような人件費などの高コストの国にとってはありがたい需要である。

こうした特徴をもったシニア需要が国内で大きくなり、これからも膨らんでいくということは、日本企業の得意技が生きる時代が来ている、ということになるのである。

さらに言えば、世界的にも日本のシニア需要は世界の先端需要である可能性が高い。なぜなら、日本はダントツの高齢化の国だからである。そのシニア需要を世界で最初に大規模に経験しているのが、日本企業なのである。

そんなシニア市場先進国としての日本で、シニアの国内需要向けに多くの製品やサービスが開発されれば、その中には国際的な市場の広がりをもつものもたくさん出てくるだろう。表19－1で見たように、世界の先進国も中国や韓国も、日本に遅れて超高齢化への道を歩んでいるからである。

つまり、国内のシニア需要へのきちんとした対応を日本企業ができれば、そこから世界へマーケットが広がり、それだけ将来の国際競争力のある製品やサービスを、日本が世界に先がけてもつことになるという可能性があるのである。

それはあたかも、燃費のいい日本の自動車がオイルショック後に世界のマーケットに広がっていったことを想起させる。ガソリンの値段が高かった日本では、メーカーは高燃費効率の自動車を開発する必要に迫られた。その日本車の開発努力が、オイルショックで燃費に敏感になってきた世界の市場では、みごとに需要の長期動向にマッチしていることになったのである。

世界最先端の高齢社会ということは、そうした国際的なポテンシャルの大きなシニア市場での先端需要開発を日本が行なわざるを得ない立場にあることを意味する。シニア需要の「多品種・少量・便利・割高」への挑戦という実験に世界で最初に大規模に遭遇しているのは、日本の産業なのである。しかも、その挑戦は日本の産業の得意技をシニア分野で適用するという実験なのである。歴史の幸運と言うべきであろう。

ピザ型グローバリゼーションとおもてなし日本が、供給構造を準備する

しかし、こうした需要面でのポテンシャルがあっても、それに対応できるだけの供給構造を日本の産業が用意できなければ、宝も持ち腐れに終わる。

私は、日本の産業は宝を活かせる歴史の流れの上にある、と考える。これまでの産業発展の流れの中で、サービス産業も含めて日本の産業にはそうした供給構造を作れるポテンシャルがかなり揃ってきていると思えるのである。それは、製造業でのピザ型グローバリゼーション、サービス産業でのおもてなし日本の姿、その二つにすでに表れている供給面でのポテンシャルである。

ピザ型グローバリゼーションには、二つのポイントがあった。一つは、東アジア諸国を中心として日本との国際分業が進むというポイント。もう一つは、ピザのトッピングとして国内に複雑性セグメントがかなりの規模で存在すること。いずれのポイントも、シニア需要が大規模になっていく高齢化時代の日本の需要構造に対応できる供給構造を用意していることになっている。

まず、複雑性セグメントという点から言えば、シニア需要はどの産業にも大なり小なり存在する一種の複雑性セグメントである。製造業であれサービス産業であれ、シニア需要が複雑性セグメントになりやすいのは、シニア需要の「多品種・少量・便利・割高」という特徴のゆえ

である。そういう製品は製品そのものが複雑だったり、サービスとの組み合わせで需要として大きくなったりするためその生産と供給の仕組みが複雑になりやすい。

そのうえ、シニア需要は海外でも今後大きくなって行くことが想定できる。したがって、シニア需要へのきちんとした対応は、高齢化時代への対応であると同時に、ピザ型グローバリゼーションのためのピザのトッピングを作る対応にもなっている。言わば一石二鳥である。

しかも、雇用構造も高齢化していること自体が、じつはシニア需要対策のための雇用面での基盤整備になっている。なぜなら、中高年からシニア世代の雇用者が、技術の現場であれ営業の現場であれ、シニア需要を満たすための開発とマーケティングに大きな力となれるからである。若年の技術者や営業マンでは理解しにくい、あるいは思いつかないシニアのニーズを、シニアに近くなっている中高年層やシニア世代なら「わが事として」理解できる可能性が高い。

ピザ型グローバリゼーションの第一のポイントである東アジアとの国際分業の拡大は、高齢化時代の需要構造への対応としても、少子化時代の日本の産業のための人材の確保という点でも意義が大きい。

需要構造への対応としては、シニア需要だけでなく国内需要全体の多様化への対応には、ピザ型グローバリゼーションがかなっている。国内需要全体は、シニア需要が三割だが、残りの七割はもっと若い世代の需要である。この若い世代の需要への対応では、大量生産・規格品という供給体制が必要となることも多いだろう。その供給体制は、東アジアとの分業体制の中で可能になってくるだろう。

さらに日本の産業は、少子化時代の日本の産業における人材の確保のために、日本国内で供給の少なくなってきた労働力を東アジアに求め、日本国内ではもはや事業継続が難しくなっているような事業・工程のための労働力を東アジアに求めようとしてきた。その上、少子化で若い優秀な人材の絶対量が減っていく時代に、東アジアの理系を中心に優秀な人材を日本の産業の雇用構造の中に組み入れること（移民ではなく、現地雇用という形で）のできるメリットは大きい。ここでも、ピザ型グローバリゼーションが意味をもつのである。

サービス産業でのおもてなし日本という姿の追求は、シニア需要開発に大きな意味をもつであろう。きめの細かい配慮やサービスと製品との組み合わせ、といった「おもてなし」志向でシニア需要の複雑性への対応がはじめて可能になるからである。さらにおもてなし日本という姿は、クールジャパンというイメージを中心に「日本ブランド」を大きくする意味をもち、海外でのシニア需要の獲得に大きな力となるだろう。

いつの時代でも、産業の供給構造の基本は国内の雇用構造と国際分業である。ピザ型グローバリゼーションとおもてなし日本、という日本の産業の姿は、少子・高齢化時代の需要構造へ対応できる供給構造作りをすでに着実に積み上げてきているように思われる。

心理的エネルギーが最大の課題

このように書くと、少子・高齢化時代の日本の産業には何の問題もないかのごとくになってしまうが、もちろんそうではなく、さまざまな障害がある。しかし、大筋としてそれほど悲観的でないストーリーが描ける状況にあるということを、私は強調したい。

ただ、そのストーリーを現実のものとできるための最大の課題は、日本の産業の人々、経営者と働く人々の両方の、心理的エネルギーだろうと私は思う。障害を乗り越えてでも、日本の将来のために努力し、リスクをとろうとする、心理的エネルギーである。

私はすでに第7章で、日本のマクロ経済のための投資拡大の鍵として、心理的エネルギーの重要さを強調した。その同じ問題に、日本の産業の将来の姿を考える第4部の最後で再び当たっている。それほど、この問題は重要だと私には思えるのである。

とくに少子・高齢化は、国全体あるいは産業全体の心理的エネルギーを減衰させる危険をはらむ人口動態である。たとえば、従業員の平均年齢と企業の収益性の間には逆相関があるという研究結果もある。消費についても、高齢化による消費エネルギーの減退が問題にされることもある。日本社会の高齢化が進むにつれて、消費が伸び悩んできたというのである。消費するためにも、心理的エネルギーが必要なのである。

産業活動への高齢化の心理的影響に限ってみても、社会の高齢化は当然に組織内人口の高齢化につながり、それが将来への不安を誘い、活力低下をもたらすことによって悲観主義の悪循環が生まれてしまうことが懸念される。また、中高年世代やシニア世代は過去の成功体験が邪魔して新しい試みができない、だから心理的に保守的になる、という問題もしばしば議論される。

こうして、高齢化イコール心理的エネルギーの減衰という懸念があちこちに生まれる。その懸念を払拭することが、少子・高齢化時代にはとくに必要とされる。そのための道としては、「バラツキの大きさ」というシニアの本質をテコに使うのが一つの方向だろう。

つまり、バラツキが大きいシニア世代あるいは中高年層の中には、アクティブ・シニアと呼べるような元気印の人々がいる。その存在をテコに使って、世代をまたがった心理的エネルギーの源泉あるいは導火線にすることを、一つの道として考えるべきだろう。彼らが、シニア需要の開拓の先兵となる。あるいは、シニアベンチャーを彼らが興して産業活動の刺激となる。逆説的に聞こえるが、だからこそ意味もある。

戦後の歴史を振り返ってみると、じつは高度成長を引きずり出したそうしたシニア世代がいた。戦争直後の廃虚の中から立ち上がり、その後の高度成長の先鞭をつけた人たちである。

その一人が、川崎製鉄（現在のJFEスチール）の初代社長として千葉海岸に臨海大製鉄所（千葉製鉄所）を作り上げることに成功した、西山彌太郎である。第二次世界大戦が終わってまだ五年しか経っていなかった一九五〇年、関西の平炉メーカー（鎔鉱炉をもたずに、製鋼だけをするメーカー）に過ぎなかった川崎製鉄が、資本金の三〇倍を超える巨額投資で、銑鉄と製鋼の一貫メーカーになろうとしたのである。業界では当時、無謀と言われた。しかし、彼はビジョンを高く掲げた上で実行計画を綿密に練り上げ、金融関係者も説得して見事に千葉製鉄所を成功させた。

その成功を見て刺激を受けた日本の鉄鋼業各社が、一斉に臨海製鉄所建設に走り出す。その巨大な鉄鋼生産能力が、戦後の日本の重化学工業化への基礎資材の安価な供給を可能にした。

そこから、日本の高度成長が始まったのである。

西山彌太郎がたった一人で走り出したとき、彼はすでに五七歳だった。当時の定年年齢をはるかに過ぎており、しかも、サラリーマン社長であった。言わば当時のシニア世代の組織人が、日本の高度成長を可能にした心理的エネルギーの導火線の一つになったのである。

たった一人で走り出すと、もちろん失敗する危険も大きい。しかし、アクティブ・シニアの飛び出しが第4章の最後で書いたような「神の隠す手の原理」を呼び起こし、周囲の心理的エネルギーを増幅させるきっかけとなる可能性もある。

戦後七〇年以上が経った今、西山彌太郎よりも小さな規模でいいから、日本の各所でシニア世代が導火線の役割、神の隠す手の原理の呼び出し役を果たすことができないか。これは、自分自身もシニア世代の一人である著者の、妄想であろうか。

第5部

経済を見る眼を養う

第20章

人間を見つめ、歴史の流れを考える

経済学とは、人間の研究である

当たり前の話だが、経済は、人間の行動の集積の結果としてその動きが決まってくるものである。消費も、投資も、輸出も、産業の発展も、すべてその背後で家計の個人、企業という人間集団、政府の人々の選択があり、多くの人間の選択の結果の総合として経済は動いていく。

したがって、経済を見る眼を養うためのもっとも素朴なポイントは、人間の行動やその動機、また多くの人間の間の相互作用について、きちんと考えるクセをもつことである。また、経済統計のデータを見る際には、その背後にある人間の行動を想像するクセをもたなければならない。経済統計はただの無機物の測定値ではないのである。

つまり、人間を見つめることが、経済を見る眼をもつための原点である。そうして人間を見つめ、彼らの行動を想像する。それを「頭の中で小人を動かす」と私はしばしば表現する。経済の現場にいる人を想像して、その人に自分の頭の中で小人のように動いてもらって、こうなったらどうなる、とリアルに考えるのである。その小人の動きが本当に現実を再現している確率が高くなるように、自分の頭を鍛え、小人のレパートリーを増やすのである。

そうして自分のレパートリーを増やすために、経済学が提供してくれる理論が役に立つ。その理論は、決して数式と物理的力学だけで表現される無機質のものではなく、背後の人間の計算も心理もこめられたものでなければならない。

本格的な経済学の始祖の一人と考えられているイギリスの経済学者アルフレッド・マーシャルは、その主著『経済学原理』（原著一八八五年）の第1章の最初の文章を、次のように始めている。

「政治経済あるいは経済学は、人間の人生のふつうの仕事とビジネスの場での人間の研究である。……それは、一面では富の研究であり、そしてもう一つの、より重要な側面では人間そのものの研究の一部である」（訳は伊丹）

マーシャルは明確に、経済学は人間の研究である、しかもそれは富の研究よりも大切な側面、と喝破しているのである。そして、人間そのものの研究の「一部」と彼が言うとき、彼の頭の中には、宗教という人間の行動を動かすものがあったようだ。彼は、「世界の歴史を動かしてきた二つの要因は、宗教と経済であった」と書いているのである。

マーシャルのケンブリッジ大学での後継者であったジョン・メイナード・ケインズは、たしかにマーシャルの基本的考え方の後継者でもあった。彼は人間というものがクールな経済計算を超えてときに行動することを、アニマルスピリッツという言葉で表現した。ケインズは主著『雇用・利子および貨幣の一般理論』一六一ページでこう書いている。

「人間が前向きの何かをしようと決めるとき、その前向きの行動のもたらす結果は長い時間の後にしかわからないものだから、その意思決定はアニマルスピリッツ（動物的精神）の結果としてのみ取られるのである。それは、動くことへの湧き上がるような衝動であって、数量的なベネフィットを数量的な確率でかけ算をした加重平均にしたがって取られる、というような決定ではない。……したがって、アニマルスピリッツがしぼんで湧き上がるような楽観がなくなっていくと、つまり結果としてわれわれが数学的期待値のみに頼るようになってしまうと、新しいことを興こすという動きは衰え、死ぬであろう」（訳は伊丹）

ここでケインズの頭の中にあるのは、投資という未来への行動であったろう。投資をするかどうかを最後に決めるのは、アニマルスピリッツだと言うのである。この考え方を非科学的だ、と批判すべきではない。ケインズは確率論の本も書いているほど、数学的な素養も深い碩学であった。しかし彼は一方で、人間という存在をしっかり見つめた人だった。

街角で、経済を見る眼を養う

経済を見る眼というものが、人間の行動の研究する眼であるならば、じつはその眼を養う題材はどこにでも転がっている。たとえば、どの街角にも経済現象は転がっている。

街角に、カフェやコンビニがあり、建設中の建物がある。そのすべてで経済的行動が取られている。カフェで消費者がコーヒーを買う。店側は新しいメニューを考えている。コンビニで買い物をしている人がいる。コンビニの側は商品の仕入れの量を考えている。建物の建設は投資である。建てる人は将来を考えており、その建築資金を融資している銀行がいそうだ。またその建物ができたら自分が入居しようかと考えている人も街角にはいるかも知れない。

こうして街角で目に入る現象のすべての背後に、経済が何らかの意味で動いている。その一つ一つの動きに「なぜ」を問うてみると、頭の中で小人が動き出すだろう。具体的に、コーヒーを買っている人、商品の仕入れを考えている人、建設工事に融資をしている人などを想像して、なぜ彼らはそうした行動を取っているのかを考えるのである。

彼らの行動の一つ一つは、それほど理解が難しくないことも多い。価格が高くなれば需要を減らし、売上が好調ならば仕入れを増やす、というようなものである。より難しいのは、そうした一つ一つの現場の行動が、どうつながり合っているか、どう絡み合うかを想像することであろう。

そして、さらに難しいのは、その総合計算の全体像を想像することである。一つの行動を人間が取るときに、その行動のもたらすベネフィットと行動を取るのに必要な資源やエネルギーを考えて、プラスとマイナスの総合計算の結果が判断材料になっているのだが、そこでは、一つの行動をとることのプラスとマイナスの両面を正しく想像し、かつその量的な足し算もしなければならない。

その上で、ケインズのいうアニマルスピリッツが登場する。単純な数学的計算の結果だけで人間は動くのではない。コーヒー一杯を買うにも、少量のアニマルスピリッツが背後になければならないこともあるだろう。たとえば、ポケットのおカネが少なくなっているのに、「あえて」コーヒーで一息入れようとするかどうか。

人間の行動は、大なり小なりどこかにジャンプがあるということ、アニマルスピリッツであえて行動に出る部分があること、それを心に留めないと正確に経済を見ることはできそうもない。

しかし、街角では見えないものもある。第5章で説明したように、高度一万メートルまで上がらないと見えないマクロ経済全体の像がその典型例である。マクロ経済を構成するすべての経済主体の動きを一つ一つ確認してその「なぜ」を考えるというのは、人間の頭脳の限界をはるかに超えた作業になってしまう。だから、高度を上げて現場を高いところから見る必要が出てくる。

マクロ経済を構成している個々の産業を見ることは高度一〇〇〇メートルから産業の現場を

見ること、その産業の中の個々の企業の戦略を考えるというのは高度一〇〇メートルからの視点と言えるだろう。

やはり、経済全体、産業全体を見るときには、ある高さから細かいことは捨象してみる必要があるのである。その際の見るべき視野と粗さについては、見ようとする人の側が腹をくくって決めるしかない。

ただし、どの高度から地上の現場を見ようとも、その現場の中で動いているメカニズムの論理は、街角という地上で見える経済現象で顔を出しているものも多い。消費行動の論理、投資の論理などである。一人一人の行動を観察することは高い高度からは無理だが、現場の経済の動きの論理を街角で考え、それを高い高度から経済を見る眼に応用することはできるであろう。

カネ、情報、感情の三つの論理で考える

こうして人間の行動を観察して、その背後の論理を考えるということは、マーシャルのいう「ふつうの仕事とビジネスの場」での人間行動のメカニズムを考える、ということである。つまり、ここでの論理とは、仕事とビジネスの場で人間行動のメカニズムが動くステップについての論理、のことである。

その論理を考えるとき、次の三つの論理を「等しく」重要なものとして考えることが、経済を見る眼としては大切だと私は思う。

- カネの論理
- 情報の論理
- 感情の論理

なぜ、この三つの論理か。それは、「ふつうの仕事とビジネスの場」で人間が動くとき、かならず「カネの流れ」、「情報の流れ」、「感情の流れ」が生まれてしまうからである。否応なしに、三つの流れが同時に発生する。

顧客と企業の従業員の間に、企業で働く従業員同士の間に、経済活動が起きると必ずこの三つの流れが生まれる。その根源的理由は、顧客という人間も仕事をする人間も三面性をもっているからである。カネを必要として、カネのことを気にする経済的存在・物理的存在としてのヒト。情報を感知し、学習し、他人に情報を伝える、情報的存在としてのヒト。そして、感情をもち、他人の動きや言葉に感情的に反応し合う、心理的存在としてのヒト。三つの面すべてを、一人の人間がもってしまっており、わかちがたい。

経済的・物質的存在であることが、カネの流れを生む。情報的存在であることが、学習を人々にさせるために、情報の流れを生む。そして、心理的存在であることが、経済活動に伴う感情の流れを生む。

カネの流れは、経済組織体としての企業ということを考えれば、もっともイメージしやすい。仕事の場とは、企業という経済組織体が市場に製品を送り出したその対価としての販売収入をカネという形で受け取るための仕事の場である。そのために、仕事に必要なさまざまなモノを買う。そこでもカネが流れる。さらに、個々の人にとっても、仕事の場は自分の労働サービスを提供して対価として賃金をもらう場になっている。こうして、さまざまなカネの流れが仕事に伴って発生している。

しかし、それだけではない。第二に、仕事の場では情報も流れている。人間は学習する存在、情報処理をする存在であるから、仕事をしながら情報がついでにかならず流れている。たとえば研究開発や市場調査の仕事をしている場合には、それは意図的に情報の流れを起こすための仕事になっている。しかし、生産や販売という、情報の流れとは無縁に見える作業をやっている人たちも、仕事のプロセスの中でさまざまな観察をし、学習をしているのが常である。そして、顧客もまた、企業の仕事の仕方を観察して、企業や商品について学習している。

こうしてさまざまな形で、仕事の場に情報が流れ込み、情報の伝達・交換が行なわれている。つまり、仕事と共に、情報が否応なしに流れているのである。

そうした仕事をしている人々は、必ず感情をもち、心理的な動きを自分の中に抱えた存在である。そのため、仕事をしながらやりがいを感じることもあれば、つまらないと思うこともある。あるいは仕事上のトラブルでやけになることもある。さらには、仕事がうまくいけば、別にすぐに自分の給料が上がるかどうかとは関係なく、達成の喜びも感じるだろう。逆に、失敗すれば、意気消沈をする。

そうして一人一人の個人の感情の動きだけでなく、市場や企業組織の中で人々の間に感情の相互作用が起きることも多い。たとえば、多くの気の合う仲間と一緒に仕事をしていると、高揚感が得られる。競争相手の企業が投資をすれば、刺激を受けて自分もやりたくなる。顧客が喜んでくれると、働いている人も元気が出る。あるいは、周りの企業が元気がなく、投資も少なくなると、自分たちも元気が出なくなり、投資への心理的エネルギーが減ってくる。

マーシャルが「経済学は富の研究であるという一面をもっている」と言うとき、それは経済的物質的存在としての人間の側面を語っている。さらに、「経済学は人間の研究である」と言うとき、彼は情報的存在として人間、心理的存在としての人間を語っている。そしてケインズのいうアニマルスピリッツは、心理的存在としての人間がもつものである。

しかし、人間がこのようなわかちがたい三面性をもっているのに、経済を見る眼ではカネの論理が過大な地位を占めてしまう危険がある。もちろん、市場経済はカネを交換の手段とし、富の蓄積の手段ともする経済だから、カネの論理が経済の論理の中心的位置を占めることは当然である。だが、情報の論理や感情の論理も考えないと、経済を見る眼としてのバランスが崩れる。

たとえば、経済の中でイノベーションが起きるのは、基本的には情報の流れと蓄積のためである。仕事の場の情報の流れから、技術が蓄積され、ノウハウが形成され、生産性が上がったり大きな技術進歩が起きたりする。あるいは、国の経済発展のプロセスで国民が一体となって心理的エネルギーを高く持って経済活動に励む時期が出てくるのも、人間が心理的存在だからである。

だから、経済を見る眼には、カネ・情報・感情の三つの眼が、必要となる。三つの流れをつねに総合して考える「三眼の発想」「三眼の総合判断」が必要なのである。

歴史は跳ばない

すべての経済現象には、歴史がある。その現象が起きるまでの前史があり、その現象が起きたがゆえに未来が影響を受ける。

もちろん、歴史の重要性は、経済現象によって異なるだろう。また、歴史的に同じような経緯をたどっても、全く同じ結果とはならない。他の変数の動向次第で変わるからである。だが、歴史の流れの中にすべての経済現象を位置づけて考えるという習慣は、経済を見る眼を養うために重要である。

その際、歴史は跳ばない、と考えるべきであろう。

歴史は跳ばないとは、大きな飛躍と思える出来事でも必ずその前史と前兆があり、そして大きな飛躍が起きるプロセスではじつはいくつものステップが時間的順序をきちんと踏んで起きた結果として、大きな飛躍に見える結果が生まれるということである。ただ、各ステップが時間的に高速で動くから、大きな飛躍に見えるのである。

つまり、歴史はすべて論理的につながったステップとして起きている。その意味で、歴史に飛躍はない。そのステップの起きるメカニズムをきちんと考えることが重要なのである。

跳ばない歴史が跳んだように見えるとき、それは洪水でダムが決壊するのに似ている。歴史のプロセスがさまざまな堆積物を長時間かけて積み上げ、その堆積の重さに耐えられなくなったとき、洪水とダムの決壊が起きる。そして決壊のプロセスでは、どこが先に壊れてそれがどう波及する、という論理的につながったステップが高速で起きている。

たとえば、一九八九年のポーランドでの非共産党政権の誕生から一九九一年のソ連邦の崩壊まで、第二次世界大戦後から長く続いた東欧の共産主義体制があっけないほどの短期間の間に崩壊した。しかし、そこに至るまでには長期間にわたる多くのマイナスと体制の歪みの累積があった。その堆積が人々に耐えきれない重さになったとき、崩壊現象が一気に起こったのである。

こうした経済の歴史的堆積には、三種類のものがあるようだ。それが、経済改革を難しくしている歴史的堆積でもあり、ときに爆発に向う堆積ともなるものである。

それは、既得権益、資源の固定性、心理の粘着性という堆積である。

既得権益は、一つの経済のあり方が長期間続くと、ほぼ必然に堆積する。その権益が犯されることへの反作用が必然的に生まれる。改革に反対する、あるいは無言の抵抗をする。抵抗しないまでも、表面上は改革に賛成しながら、実際は生半可な改革行動しか取らない。

資源の固定性とは、過去のさまざまな投資の結果として累積している資源が経済のあちこちにある。その固定性が高いためにそれを動かすための努力や投資がバカにならず、それが追加的な負担となって、いかにも堆積という感じで改革の流れを邪魔する。

心理の粘着性とは、改革が目指す新しい未知の仕事への不安が、ついつい現在の仕事に執着する心理を人々の間にもたらして、現状への粘着性が高まるという力学である。目に見えない曖昧な不安の力学であるだけに、一番やっかいな堆積かもしれない。

すべての経済現象は、大小さまざまにこうした三種類の歴史の堆積を前史として抱えながら、動いていく。そして堆積のありようが、経済現象の未来を左右する。そんな歴史的プロセスのメカニズムをきちんと理解しようとする姿勢をもつことが、経済を見る眼を養うためには大切となるだろう。

既存の論理では説明のできない現象から、新しい論理を考える

しかし、堆積の発生プロセスでも洪水のプロセスでも、歴史は跳ばない。メカニズムはきちんと動いている。だが、そのプロセスを既知のメカニズムの論理できちんと説明ができないことも多い。そんなとき、どんな未知のメカニズムの論理があり得るかを考えるべきである。じつは、そうした思考プロセスが、「歴史から学ぶ」ということの本質だと私は思う。歴史のプロセスとして、既知の論理で説明できないことが起きたとすれば、その歴史的出来事の背後のメカニズムは何かを考えるのである。

新しい論理の提案を見事にやってのけたいい例が、第1章で紹介したケインズの有効需要不足の理論で、この章でも紹介したアニマルスピリッツの言葉が出てくる彼の主著である。世界

経済が一九二九年の大恐慌の後に陥った世界的な不況は、古典的な経済学の論理では説明できないと彼は認識し、その経済現象のメカニズムを説明できる論理を考えたのである。

もう一つの見事な例が、第4章の最後に紹介した、ハーシュマンの「神の隠す手の原理」であろう。低開発国がドツボにはまった状態から抜け出すことに貢献した大きな経済プロジェクトは、そのプロジェクトの困難さを挑戦した人たちから隠す神の手がまずあり、その後に挑戦した人たちが困難を乗り越えるための創造的努力のエネルギーと知恵を彼らがじつはもっていることをも隠していた、神の手もあった。

ハーシュマンはこうした論理をもった上で世界銀行の多数の経済開発プロジェクトの歴史を調べたのではなかった。彼はまず多くの歴史的事例をくわしく観察し、そこに「予想されなかった困難」とそれの克服がプロジェクトを成功させたという共通項があることに気がついた。

しかも、一つのプロジェクトの成功がたんにそのプロジェクトの成功という成果だけでなく、インフラや能力の蓄積、さらには成功による自信という目に見えない成果をももたらして、その国の経済発展全体に貢献するケースが多いことも、ハーシュマンは発見した。そんな成果は、プロジェクト立案時に中心的効果として立案に組み込まれていたものではなく、よくても副次的効果だった。しかし、それがじつは事後的にはメインの成果になる。ハーシュマンが「副次的効果の中心性」とよぶ、面白い現象の論理である。

ハーシュマンは、歴史的プロセスをくわしく見て、そこに既知の論理では説明できない現象が起きていることに気がついた。そして、起きた結果から、背後で働いていた「はず」のメカニズムを考えようとしたのだと私は思う。そして、頭の中でさんざんに小人を動かしたのだろう。そこから、新しい論理のヒントに気づき、それを体系化することに成功した。

それは、歴史に学ぶということの、正しいスタンスである。歴史に学ぶとは、お手軽な教訓を歴史的事実から汲み出そうということではない。歴史がいかに動いたかのメカニズムの論理を考えることなのである。

ケインズやハーシュマンの例を知ったからといって、読者も私もすぐに彼らのようなことができるとは思えない。しかし、少しでもその思考法から学ぼうとするのは、読者自身が自分なりの「経済を見る眼」を養うために必要なことであろう。

第21章

全体を眺め、連鎖反応と副次的効果を考える

全体を眺めることは、案外難しい

経済を見る眼を養うには、見る対象がマクロ経済であれ、一つの産業の経済であれ、あるいは世界経済であれ、全体を眺めるクセをつけることが重要であろう。部分だけを見ていては理解を誤る。

ここで「全体を眺める」とは、二つのことを指す。一つは、考えようとする対象の経済の動きに影響を与える要因の全体を考えるということ。もう一つの意味は、考える対象の経済を構成する部分のすべて（あるいは主な部分は全て）視野に入れて考える、ということ。たとえば、マ

クロ経済を考える場合なら、消費だけを単独で考えてはいけない。それが投資とどうつながるか。政府の行動とどうつながっているか、それを考える。

以上のいずれの意味でも、全体を眺めるのは当然だと、軽く考えてしまってはいけない。落とし穴は、いずれの場合にもある。

第一の意味の場合（影響要因の全体）、われわれの眼は変化の大きい要因に注意を集中しがちである。たとえば、毎日のように変化が報道される為替と原油価格のマクロへの影響ばかり考えてしまう。そのために、人間の注意の総量のうちかなりを使い果たしてしまい、変化の小さな要因、しかしいったん変化すると大きなインパクトがあるような要因に十分な注意がいかなくなる。

変化のゆるやかな影響要因の典型が、マクロ経済の基礎構造である。人口構成や政治と金融の世界的秩序、軍事パワーのバランスなどが基礎構造の例である。こうした基礎的要因の変化はゆるやかだが、ときに不連続的に大きく変化することもある。そんな変化が起きると、さまざまな経済変数に大きな影響を与えてしまう。こうした基礎構造要因を見る眼と、その際についつい生まれる落とし穴については、第二節で論じることにしよう。

第二の意味の全体感（構成する部分の主なものを全て）の場合、われわれの眼はついつい主要な変数が時間の経過とともにどう動くか、という一つの変数の経時的動きに集中しがちである。しかし、何かの大きなイベントが起きて経済への影響が出るとき、じつは多様な変数にほとんど同時に影響が出て、そしてそれぞれの変数が変化し始め、しかも変数の間に連鎖反応などが起きることがしばしばである。そうした部分と部分の多様な絡み合いから、全体としては複雑な論理経路がさまざまに生まれやすい。

そんな多様で複雑な論理経路をどう見るか、どこに落とし穴が生まれやすいか。こうした問題を第三節と第四節で取り上げよう。

ハードな基礎構造、ソフトな基礎構造

経済は人間行動の集積だから、当然に人間社会の基盤の上で動いている。その基盤を私は「マクロ経済の基礎構造」と呼ぼうとしているのだが、そこにはハードなものもソフトなものも、さまざまにある。

ハードな基礎構造とは、形が目に見える、あるいは数値で表現できることが多いようなものである。典型例としては、人口構成、世界の需要構造、資源構造などであり、少しそれよりはソフトになるがまだまだハードの基礎構造と分類したくなるのが、国際金融秩序や科学技術の進歩、あるいは世界の軍事パワーバランスであろう。さらに国際政治の構造になるともっとソフトと多くの人が感じるだろう。

ソフトな基礎構造の典型例は、人間の信頼関係のあり方、あるいは文化的なものの考え方、社会の民度、さらには人々の心理的エネルギーといったような、目に見えない構造要因である。

ハードな基礎構造は、ときに不連続に見える大きな変化をすることがある。それが起きると、

しばしば「ショック」と呼ばれるサプライズの事件となる。たとえば、一九七三年の中東戦争がもたらした中東産油国による禁輸措置は、オイルショックと呼ばれた。経済的な直接の影響は、原油価格の短期間での急上昇であった。二〇〇八年の国際金融秩序の崩壊はリーマンショックと呼ばれた。それがもたらした経済の大変動は、世界的な金融不安であり、世界的な需要の急激な縮小であった。

ソフトな基礎構造は、めったに急激な変化をしない。共産主義体制が崩壊した一九九〇年代初頭のポーランドでも、家族や宗教を中心とした人々の絆はじつは体制崩壊の前も後も急激な変化をせず保たれていたと、私は当時現地で実感した。その絆が岩盤のようにしっかりと社会を支え、経済全体が絶望的な混乱になることを防いでいたようだ。

ハードとソフト、二つの基礎構造のうち、どうしてもわれわれの眼はハードの方へ向きがちである。それが、落とし穴となる。しかし、「経済学は人間の研究である」というマーシャルの言葉をあらためて思い出し、ソフトな基礎構造を大切にしたい。

しかしそうは言っても、どこまで基礎構造を考える視野を広げるべきかというのは、やっかいな問題である。際限がなくなる、複雑になり過ぎる、そうした危険があるからである。

二つ対応の方向がありそうだ。一つは、まずなるべく視野を広げるようにして、ハードもソフトも多くの基礎構造変数を考えるようにし、その中から影響度の小さいものを意識して外す、という方向である。これは、基礎構造の重要性に気がつかずに視野に入っていないのとは大違いである。

もう一つの方向は、論理を考えようとしている対象の問題の性格に合わせて、ハードな基礎構造中心にするか、ソフトな基礎構造まで考えるようにするかを決めるという方向である。たとえば、数量的な経済変数の動きについての論理を考えたいのならば、基礎構造の中でもかなり直接的な部分・ハードな部分だけでいいだろう。しかし、経済の仕組みの制度や慣行の形成といったソフトな問題が考察対象ならば、ソフトな基礎構造まで考える必要性が大きいだろう。

たとえば、第15章で日本型市場経済の企業システムを論じたが、そこで企業の主権にあたるものを従業員がもつことが多い、と書いた。そのような考え方が日本の社会の中で正当とされているから、人々がこうした慣行を選択するのであろう。誰がどんな理由で権力をもつのが正当か、という権力の正当性についての社会的感覚というソフトな基礎構造に、日本の従業員主権は支えられている、と考えるのである。

ハードな基礎構造を論じる場合にとくに難しいのは、時おり起こる不連続な構造変化への対応である。一番いいのは、その不連続変化の兆候を探ることだが、それはかなり不可能に近い。少なくとも、経済を見る眼の世界では、難しいことが多いだろう。

それよりもむしろ大切なのは、いったん不連続な変化が起きてしまった後に、いかに過去の慣性に引きずられた見方をしないか、ということであろう。しばしばわれわれは過去の慣性に引きずられて、ハードな基礎構造の大きな不連続変化のインパクトを小さく見過ぎることが多いようだ。そこには、未来は過去と類似だとついつい考えたくなる、という一種の希望的観測も入るであろう。それは、避けたい落とし穴である。

複数の論理経路をつねに考える

経済を見る眼を養うために意義のあるスタンスの一つとして、経済的なメカニズムの世界では一つのイベントをきっかけにほとんどつねに複数の論理経路が動き出す、と考えることを勧めたい。そうした複数の有力な論理経路を考え、その総合的結果として「事の落ち着き先」はどこかを考えるのである。

たとえば、日本銀行が公定歩合などの政策金利を下げるという政策的手段をとったとする。それをきっかけに、さまざまなことが起き始める。

金融市場では、国内の金利下落をにらんで円資産への投資がドル建て資産への投資より不利になる。そうなると、円が売られることになり、為替レートが円安へと振れる。あるいは、国債などの投資が金利下落でより不利になるから、債券から株へと資金が流れる。そうなると、株価にはプラスの影響が出てくる。

これらはすべて金融市場での動きだが、製品などの財市場でも政策金利下落の影響は出る。たとえば、銀行の貸付金利が下がることが想定できるので、借金による設備投資あるいは不動産投資の金利負担が減る。それが投資を刺激する。投資が増えれば、国内の需要が増えることも期待される。

しかし一方で、金利下落の結果として円安になれば、輸入物価は高くなる。その物価上昇が国内需要にはマイナス要因になる。しかも、円安になれば日本製品のドル建て価格は安くできることになって、輸出競争力が上がる。輸出が増えれば、それは国内需要を押し上げる要因になる。

こうして、政策金利の下落という一つの大きなイベントを起点に、金融市場でも財市場でも、さまざまな論理経路が動き出す。需要拡大への動きもあるし、円安による輸入物価の上昇のように需要下降への動きも同時に出る。結局は、プラスとマイナスを通算して、最終的に需要拡大となるかどうかが決まる。

一国の経済の中には、じつにさまざまな市場がある。そうしたさまざまな市場のそれぞれで多様な論理メカニズムが同時に動き出すのである。一つ一つの論理メカニズムは、先ほどの例でもわかるように、それほど複雑ではない。しかし、そうした多様な論理経路の絡み合いは、かなり複雑なものになる。それらを混乱することなく考え抜くのは、案外と大変なことになるかもしれない。そこに、絡み合いの複雑さという落とし穴がある。

さらに、多様な論理経路の絡み合いの最終結果がどう出るかを判断するときには、いくつもの有力な論理経路の影響の大きさを量的感覚（マグニチュード感覚）をもって、判断する必要がある。比喩的に言えば、国内需要拡大への影響の大きさを、Aという論理経路ではプラス3の大きさ、Bという論理経路ではマイナス2の大きさ、Cという論理経路ではプラス1の大きさ、Dという論理経路ではマイナス1の大きさ、とマグニチュード感覚をもって見積もり、最終的にプラス1という判断をするのである。

そうした量的判断を、データをもとに正確にできるとは限らない。むしろ、直感的判断と言わざるを得ない場合も多いだろう。それでも、マグニチュード感覚をもたなければ複数の論理経路の「事の落ち着き先」は推測できないのである。

この点でしばしば見られるのは、マグニチュード感覚をもって最終判断をしたがらないという落とし穴である。この落とし穴について、アメリカの大統領だったハリー・トルーマンの面白いエピソードがある。「二つの手をもったエコノミスト（Two-handed economist）は必要ない」と言ったというエピソードである。二つの手をもったエコノミストとは、「一方で（on the one hand）こうしたことが起きます。他方で（on the other hand）別なこんなことも起きます」と二つの論理経路を（二つの手を使って）紹介するだけで、結局どっちの論理経路が結論を左右するかを言わない人である。

マグニチュード感覚をもとうとしないから、事の落ち着き先がどこかを言えない。そんなエコノミストが多いという、辛辣な言葉である。

多様さは、収斂する

一つのマクロ経済あるいは世界経済の中で多様な論理経路が同時に動き出してしまう基本的な理由は、中心的な経済変数に影響を受ける人の多様性と広がりだろう。人の広がりの多様さは、次の三つのものの多様さとなり、それが多様な論理経路へとつながっていく。

三つの多様さとは、第一に人々の将来予想の多様さ、第二に利害の多様さ、そして第三に多くの人々の行動の間の連鎖反応の多様さ。多くの人がさまざまな相互作用をするから起きる、連鎖反応の多様さである。

つまり、将来予想をさまざまに持った多数の経済主体が、それぞれ多様な利害をもって市場で動き、そして相互に互いの予想や行動に影響を与え合い、かつ互いの行動にそれぞれ反応する。だから、多様な経済論理の経路が生まれてしまう。

たしかにそうだろう。だが、むしろ問うべきは、そんな多様性のかけ算のような複雑な世界で、最終的になぜどこかに落ち着くことが可能なのか、ということかもしれない。多様性の塊から市場全体・経済全体としての結果の収斂がなぜ生まれ得るか、という問いである。

二つの理由があるようだ。一つは、市場で人々が取引し合うプロセスは、相互作用のプロセスとして情報が流れるプロセスとなり、結果として当初は多様だった人々の将来予想が収斂していく。ちょうど多数決の原理のように、多数意見の将来予想に人々が従うようになる、ということである。

もう一つの収斂が起き得る理由は、人々の利害が衝突して、その結果として限られた資源の取り合いが始まるという理由である。限られた資源だから、いつまでも取り合いが続くことはない。取り合いの結果として分配が決まり、もう取り合う資源も底をつくと、そこで事は終わらざるを得なくなる。暫定的な休戦をするようなものである。

つまり利害の衝突があるからこそ、限られた資源の取り合いが起きて、その結果としてさらに行動したくても必要な資源を手に入れられない人が生まれる。それで、多様な行動計画のかなりの部分が結果として現実化しないことになる。だから、暫定的にせよ多様な行動パターンが収斂を迎えられ、落ち着くところに落ち着く。

しかし、予想が収斂し、利害の衝突が最後に落ち着きどころを見つけるといっても、そうして最後に登場する論理経路や結果のパターンが、そのプロセスの参加者たちの意図に添ったものになるという保証はじつはない。誰も意図しなかったような論理経路が支配的になることも、経済の世界では案外ひんぱんにあるようだ。したがって、誰も意図していない論理経路が人々の間の連鎖反応の結果として生まれてしまう可能性を、経済を見る眼としてはつねに意識しておいた方がいい。

予想の収斂にしても、意外な収斂になるかもしれない。利害の最終的調整も意外な結果になるかもしれない。第1章で紹介した合成の誤謬という現象の一つの例が、多様な論理経路の世界に生まれる可能性があるのである。

アメリカの経済学者トーマス・シェリングは、人々のミクロの動機（micro motive）とマクロに表れる全体の振る舞い（macro behavior）がすれ違う可能性を、興味深い分析とともに指摘した。たとえば、講演会場の参加者の席の取り方のパターンである。アメリカでも（もちろん日本でも）講演会場の席は、後ろの方から埋まり、最後まで最前列の数列には人はまばらである。人々の席取りの動機は多様にあるだろうに、そして前を避けたいと思う人ばかりではないのだろうに、結果として全体の席の埋まり方は「前方は空席が出る」というパターンになる。だれも意図しない論理経路が支配的となって、マクロの振る舞いが決まっている例である。

こうして、多様な予想と利害に囲まれた経済の世界の論理の想定の仕方としては、次の三つの注意点が大切そうだ。

第一に、多様な予想がどう収斂するかを考える。みんなが相手の出方を考えながら、将来を予想して行動する結果、予想の収斂が起きる可能性が高い。

第二に、複数の利害の衝突を考えて、結局はなにの取り合いになるかを考える。それで、多様さのかけ算の収斂先が見えてくる。

第三に、ミクロの意図とマクロの振る舞いにはかい離が生まれることがかなりあることを意識する。そのかい離を考えるには、多くの人々の間の相互作用や連鎖反応が鍵となる。

副次的効果がしばしば最大の効果

しかし、多様な論理経路が複数同時に動き出すといっても、濃淡あるいは太い細いがある。最終的に支配的となる論理経路が言わば太い幹であろう。その幹になるものが何かについて、マグニチュード感覚をもって考える必要を私は強調してきた。

しかし、大きな樹には太い幹があるだけでなく、太い枝もときにある。そして、樹木の姿かたちの美しさは幹よりも枝が決めることもあるように、じつは現実に中核的論理経路として表面に登場する太い幹よりも、じつは太い枝とも言うべき副次的効果の方が将来に対してより大きな意味をもつこともある。それを、この章の最後で考えよう。

第4章でハーシュマンの神の隠す手の原理を紹介したが、その事例であるパルプ工場プロジェクトでは、プロジェクトが成功してパルプが作られ始めたという直接的効果（これが言わば中心的論理経路という太い幹）が生まれただけでなく、地域のインフラが整備されたというハードな財産が生まれたという間接的効果もあり、さらには地域インフラの計画能力や整備能力あるいは工場の運営能力といったもっとソフトな財産もこのプロジェクトは生み出してくれた。このソフトな財産は、この地域の経済発展全般の将来基盤にもなる財産で、パルプ工場がもたらす直接的な経済効果を大きく越えたインパクトを持ち得るものであった。これが、太い枝の例である。

大きな経済行動、経済プロジェクトは、関連する分野へのフロー的連鎖効果と、ストック的副次効果と、両方の「外部効果」をもつことが多い。

フロー的連鎖効果とは、ある経済現象（たとえば大プロジェクトの実行）に伴って、その経済現象と関連する分野でカネの流れやモノの流れが影響を受けて、その連鎖反応の結果として生まれる効果である。たとえば、パルプ工場プロジェクトの例で言えば、パルプ工場の操業活発化が地域の輸送産業やさまざまな下請産業の需要を増大させる、というようなことである。

ストック的副次効果とは、地域インフラというハードな財産が整備される、あるいは地域の計画能力やプロジェクト実行能力というソフトな財産が整備される、ということである。フロー的連鎖効果は、その時々に何らかの経済効果がフローとして生まれるというものだが、ストック的副次効果は、何らかの財産が積み上がる結果として、何年にもわたる長期的効果が期待できる、というものである。

副次的効果のなかでも、ハードな財産形成から生まれる効果は人々の注意を引きやすいだろう。だから、それが見落とされるあるいは軽視される危険は小さいかもしれない。しかし、ソフトな財産形成から生まれる副次的効果は、目に見えない財産が効果の源泉であるだけに、見落とされることがありそうだ。そこに、落とし穴がある。経済を見る眼を養うためには、そうしたソフトな財産の蓄積から生まれる副次的効果をことさらに意識して考えるようにする必要がありそうだ。

私は経営学者として経営戦略の論理を考える際に、こうした目に見えないソフトな財産の重要性を強調してきた。それに、「見えざる資産」という名前をつけて、企業や産業を分析する際の重要な概念としてきた。

マクロ経済にとっても、見えざる資産は重要である。それは、情報の論理と感情の論理の結果として生まれる資産であるために、マクロ経済の分析では表立って登場することが少ないのかもしれない。しかし、この二〇年間の日本のように低い経済成長が継続すると、国民の心理的エネルギーというソフトな財産に影響が出てしまう。あるいは、低い経済成長ゆえに企業や産業での成功現象が少なくなり、したがって国民の成功体験というソフトな財産にもマイナスの影響が出る。

それらが日本経済の活力という点で、目に見えにくいマイナスの影響をもたらしていることが大いに危惧される。あらためて、ストック的な副次効果、それもソフトな副次効果を考えることが経済を見る眼を養うためには重要であると、強調する必要がありそうだ。

【著者紹介】
伊丹敬之（いたみ　ひろゆき）
1945年愛知県豊橋市生まれ。一橋大学商学部卒業。カーネギーメロン大学経営大学院博士課程修了（Ph.D.）。一橋大学大学院商学研究科教授、東京理科大学大学院イノベーション研究科教授を歴任。一橋大学名誉教授。2005年11月紫綬褒章を受章。
主な著書に『経営戦略の論理〈第4版〉』『日本企業の多角化戦略』（共著、日経・経済図書文化賞受賞）、『日本型コーポレートガバナンス』『孫子に経営を読む』『現場が動き出す会計』（共著）、『人本主義企業』（以上、日本経済新聞出版社）、『場の論理とマネジメント』『経営を見る眼』（以上、東洋経済新報社）、『本田宗一郎』（ミネルヴァ書房）、『高度成長を引きずり出した男』（PHP研究所）がある。

ビジネス現場で役立つ
経済を見る眼

2017年1月26日　第1刷発行
2017年3月6日　第3刷発行

著　者——伊丹敬之
発行者——山縣裕一郎
発行所——東洋経済新報社
〒103-8345　東京都中央区日本橋本石町1-2-1
電話＝東洋経済コールセンター　03(5605)7021
http://toyokeizai.net/

装　丁…………竹内雄二
ＤＴＰ…………アイランドコレクション
印刷・製本……リーブルテック

ISBN 978-4-492-31494-4
